Herderbücherei

Band 1253

Über das Buch

Paul Tournier, der bekannte Schweizer Psychotherapeut, hat die Kunst des Zuhörens ein Leben lang geübt. Ungezählten Menschen aller Schichten und Lebensalter hat er dadurch geholfen, ihre seelischen Schwierigkeiten zu erkennen und zu überwinden und so zu einem sinnerfüllten Leben zu kommen. Auch seine Bücher – Weltauflage inzwischen 2 Millionen – sind aus der lebenslangen Begegnung mit Menschen entstanden, die oft nur das Bedürfnis hatten nach einem Menschen, der ihnen zuhörte. So wurde er zum vertrauten Freund ungezählter Leser. Auch dieser Band gibt Zeugnis von seiner Fähigkeit des Zuhörens. Er geht auf viele Lebensfragen ein, die uns heute zutiefst beschäftigen.

Über den Autor

Paul Tournier, geboren 1898 in Genf, Medizinstudium in Genf und Praktikum in Paris, 1920 Abgeordneter des Internationalen Komitees des Roten Kreuzes. 1923 Eidgenössisches Diplom für Medizin, Spezialisierung auf Innere Medizin; medizinische Praxis in Genf seit 1928. Erste Veröffentlichung 1940: Krankheit und Lebensprobleme. Initiator der „Semaines médicales“ in Bossey seit 1947.

Paul Tournier

Zuhören können

Gesammelt und herausgegeben
von Charles Piguet

Herderbücherei

Veröffentlicht als Herder-Taschenbuch
Übersetzt aus dem Französischen von Emilie Hoffmann
Titel der Originalausgabe: „Vivre à l'écoute"
(Editions de Caux, Le Mont-sur Lausanne)

Buchumschlag: Walter Emmrich

Herder Freiburg · Basel · Wien
Herstellung: Freiburger Graphische Betriebe 1986
ISBN 3-451-08253-5

Inhalt

Einführung

Auf der Umgehungsstraße von Genf kommt man rasch vorwärts und gelangt in knapp 20 Minuten aus dem Quartier der Vereinten Nationen in den reizenden Ort Troinex, der in entgegengesetzter Richtung zur Stadt liegt. Es war ein wunderbarer Junitag, und ich fand Paul Tournier unter einer hohen Fichte sitzend, wo er auf mich wartete.

Die Landschaft war völlig verschieden von derjenigen, die ich knapp vier Monate vorher angetroffen hatte, als wir zum ersten Mal zusammenkamen, um von diesem Buch zu sprechen. Damals waren die Bäume schneebedeckt, und nach einer kurzen Unterredung im Sprechzimmer von Paul Tournier hatte er mich nach draußen begleitet, während er mir viel Glück zu meinem Unternehmen wünschte, wofür er mir einige Richtlinien gegeben hatte.

Seine rüstige Gestalt beeindruckte mich. Er ging mitten im Februar ohne Mantel ins Freie, und als ich ihn gebeten hatte, hineinzugehen, um sich nicht zu erkälten, antwortete mir dieser 86jährige Mann: „Wissen Sie, es ist eine Frage der Gewöhnung. Der Körper läßt sich gut abhärten. Man muß nur nicht schon im September anfangen, einen Mantel zu tragen."

Heute schien die Sonne; es war angenehm warm. Einige Meter von uns entfernt sprang ein Eichhörnchen über den Rasen.

„Herr Doktor Tournier, ich muß Ihnen sagen, daß ich beim Studium und bei der Bearbeitung Ihrer Texte viel gelernt habe."

„Wirklich?"

„Das hat mir wieder meine vor langer Zeit gefaßten Vorsätze für das Leben in Erinnerung gerufen. Es ist so leicht, unter dem Druck der Arbeit das echte Interesse für die Menschen aus den

Augen zu verlieren. Dann muß man sich beeilen und hat kein Ohr mehr für die andern. Ich habe mich viele Male in diesen letzten Wochen korrigieren müssen, und ich denke, daß Sie viel damit zu tun hatten."

Wir prüften die Texte. Das Ergebnis meiner Arbeit in diesen letzten Monaten war viel reichhaltiger und vielfältiger ausgefallen, als unsere erste Unterredung hätte ahnen lassen. Von verschiedenen Seiten kamen Kapitel aus Sammelbänden, die auf englisch oder deutsch erschienen sind, nicht aber auf französisch, dann im Radio verbreitete Interviews, Tonbandaufnahmen von Vorträgen, die zirkulierten und fast unter der Hand vervielfältigt wurden.

Wir sprachen von Einzelheiten betreffend die Herausgabe, die Verbreitung, die Autorenrechte. Jene, die Paul Tournier nahe stehen, wissen es: Scheinbar banale Gespräche führen zu einem intensiven Kontakt. Wir blieben eine Zeitlang schweigsam. Eine von innen her erfüllte Stille. Schließlich stand er auf, lief ins Haus hinein und kam mit einer Photomontage der Buchdeckel all seiner in 19 Sprachen erschienenen Bücher zurück.

„Ich habe sie beim Sichten von allerhand Sachen wiedergefunden ..."

Ich stieg in meinen Wagen und ließ den Motor anlaufen. Paul lief vor meinem Auto her bis ans Ende der Allee, die in die Hauptstraße einmündet. Er schaute zuerst nach links, dann nach rechts, und gab mir darauf mit dem Arm das Zeichen, daß die Straße frei sei.

Für Paul Tournier ist die Begleitung der Menschen keine bloße Theorie.

Charles Piguet

Warum ich schreibe

Zunächst hatte ich es abgelehnt, dieses Vorwort zu schreiben; denn damals war ich eben im Begriff, eine Vortragsreise nach Südafrika zu unternehmen, die mich voll in Anspruch nahm, und dann auch, weil es sonst nicht üblich ist, für seine eigenen Texte ein Vorwort zu schreiben. Es könnte aber auch eine Gelegenheit sein, mir selbst die Frage zu stellen, warum ich überhaupt schreibe. Mich hat ein Wort der in Paris geborenen Amerikanerin, Anaïs Nin, sehr beeindruckt, die sich in ihrem Buch „Sanftmut des Zorns" (Scherz-Verlag, Bern 1979) dieselbe Frage stellte, und die darauf antwortete: „Man schreibt, um eine Welt zu schaffen, in der es sich leben läßt." Nun, deshalb schreibe auch ich. Eine Welt, in der es sich leben läßt, wäre, wie ich denke, eine Welt, in der es zu echten Kontakten zwischen den Menschen käme, wobei sie sich gegenseitig aussprechen könnten, um so einander zu echter Selbstverwirklichung zu verhelfen.

Ich schreibe, um mit meinen Lesern mein Privileg zu teilen, das Privileg, der intime Vertraute anderer geworden zu sein, ohne es gesucht oder vorausgesehen zu haben. So viele Männer und Frauen jeden Alters und in jeder Lebenslage sind zu mir gekommen, fest entschlossen, einmal ganz wahr zu sein, während man im Leben ständig abwägen muß, was man sagen soll und was nicht. Wie viele von ihnen habe ich nach einem schwierigen Geständnis mit einem wunderbaren Lächeln sagen gehört: „Wie gut das tut, endlich einmal alles sagen zu dürfen." Alles? Sicher kann man nie alles sagen. Aber es gibt unausgesprochene, verdrängte Emotionen, die wie ein Propfen wirken und den Lebenselan blockieren. Es handelt sich nicht nur darum, beschämende Dinge zu sagen, sondern es geht sehr oft um ein inneres, außergewöhnliches Erlebnis, wobei man plötzlich ahnt, was das Wertvollste, das Gültigste ist, was man wirklich glaubt und was dem ganzen Leben seinen Sinn gibt.

Nun, es kommt so selten vor, daß die Menschen sich auf diese Weise öffnen, selbst unter Ehegatten, selbst unter Freunden ist es selten. Und wenn ich jenen frage, der mir eben gesagt hat, was er nie zuvor jemandem zu sagen gewagt hat, antwortet er mir: „Ich hatte Angst, nicht verstanden zu werden." Und nun hat sich mein Gesprächspartner verstanden gefühlt. Sich verstanden fühlen, das ist es, was einem im Leben hilft; man kann dann irgendein schwieriges, sogar unlösliches Problem anpacken, ohne sich selbst untreu zu werden. Minute der Wahrheit, des Vertrauens, der starken Erregung für ihn, aber auch für mich! Ich habe nicht nur mit dem Verstand begriffen, sondern auch mit dem Herzen. Auch ich werde nachher nicht mehr derselbe sein. Es ist zu einem geheimnisvollen Widerhall zwischen uns gekommen, es hat ein persönlicher Kontakt stattgefunden, der mich ebenso verpflichtet wie den andern.

Oft stellen wir dabei die gleiche Überlegung an: Sollte dies nicht die normale, allgemein übliche Beziehung zwischen den Menschen sein? Doch es kommt so selten vor. Während sie sich unaufhörlich suchen, fliehen sie sich gleichzeitig, wie es Jean de Rougemont sagt.

Ja, ich habe ermessen können, wie einsam die Menschen unserer Zeit sind. Der echte Dialog ist sehr selten, während in den Diskussionen jeder seine Partie spielt, und die Ideen sich kreuzen, ohne sich zu begegnen. In seinem schönen Buch „La Découverte de soi" schreibt der Philosoph Georges Gusdorf, daß man die *bevorzugten Augenblicke* im Leben der meisten Menschen an den Fingern einer Hand abzählen kann, diese flüchtigen Augenblicke, die dem Leben jahrzehntelang die Richtung geben. Nun, es ist immer der Augenblick einer Begegnung, sagt Gusdorf. Ein echtes Gespräch, ein Film, ein Schauspiel, eine Predigt, ein unvergeßlicher Moment eines musikalischen Erlebnisses oder einer Naturbetrachtung, ein Buch, immer handelt es sich um eine Begegnung. Hinter all den Ideen, die ein Schriftsteller entwickelt, ist es immer seine Person, die man sucht. Seine Gedanken können interessant oder diskutabel sein, aber plötzlich steht da ein Wort, das uns persönlich berührt. Und diese Begegnung ist es, die zählt. Das beeindruckt mich, wenn ich unbekannte Leser in einem fernen Land antreffe: Sie zitieren ein Wort, das sie von mir gelesen haben, manchmal ist es ein Wort, das ich nur zufällig ausgesprochen habe, ohne seine Tragweite zu ermessen, und das genügt, um eine dauerhafte Bindung zwischen ihnen und mir herzustellen.

So etwas rechtfertigt ein Buch wie dieses. Vielleicht wird irgendein Leser einen Satz daraus behalten, der ihm eine Lebenshilfe sein kann und ihm das Gefühl gibt, daß ich verstehe, was sein Herz bewegt. Denn die Menschen sind einsam beim Suchen nach dem Wesentlichen und nach dem persönlichen Kontakt.

Vorwort zu dem Sammelband „Mutig leben. Texte“, ausgewählt von Charles de Roche, Reinhardt Verlag, Basel 1980.

Die Kraft des Zuhörens, die Kraft der Stille

Die Ärzte gehören zu den meistbeschäftigten Menschen unserer Zeit. Es ist daher bedeutungsvoll, daß es gerade ein Arzt ist, der für uns die Wichtigkeit der Stille, der inneren Sammlung hervorhebt. Sie haben diese seit fünfzig Jahren mit Ausdauer praktiziert. Warum?

Dem modernen Menschen fehlt die Stille. Er hat sein Leben nicht mehr in der Hand; er wird von den Ereignissen mitgerissen. Er befindet sich in einem Wettlauf mit der Zeit. Wenn so viele Leute mich aufsuchen, so geschieht es, wie ich glaube, um einen ruhigen, einen friedlichen Menschen zu finden, der zuhören kann und mit seinen Gedanken nicht schon bei etwas anderem ist. Wenn das Leben randvoll ist, hat nichts mehr darin Platz: selbst Gott kann nichts mehr hinzufügen. Daher ist es notwendig, Unterbrechungen einzuschalten. Ich benütze absichtlich sehr einfache Worte.

Kann man die Stille definieren?

Das ist sehr schwierig. Für mich enthält sie hauptsächlich eine Erwartung. Ich warte darauf, daß Gott meine Gedanken so anregt, daß ich neu belebt und schöpferisch werde, anstatt „ein tönendes Erz und eine klingende Schelle zu sein", wie der Apostel Paulus sagt (1. Korinther 13,1). Das ist die Achse, nach der mein Leben ausgerichtet ist. Es handelt sich um einen Versuch, die Menschen und ihre Probleme vom Standpunkt Gottes aus zu sehen, soweit das möglich ist.

Welches war Ihre erste Erfahrung mit der inneren Sammlung?

Ich versuchte während einer Stunde, auf Gott zu hören und habe nichts vernommen.

Andere hätten sich entmutigen lassen. Weshalb Sie nicht?

Der Mißerfolg hat mich gereizt und angespornt. Wie? Ich sollte nicht imstande sein, etwas so Einfaches zu tun? Was mich besonders getroffen hatte, war der Gedanke, es unternommen zu haben, auf Gott zu hören, was mehr ist, als bloß still zu sein. Diese Stille ist folglich nicht mehr ein Ziel, sondern ein Mittel. Was dabei am Wertvollsten ist, das ist die Möglichkeit, durch meinen Wortschatz, meine Veranlagung, mein Unbewußtes hindurch einige Gedanken Gottes zu empfangen.

Haben Sie nach dieser ersten Niederlage oder dieser ersten Herausforderung weitergemacht?

Oft schienen in der Folge meine Zeiten der Stille völlig banal zu sein. Es kommt einem der Gedanke, einen bestimmten Schritt tun zu müssen, einen Brief zu schreiben. Dabei muß man sich auch darüber klar sein, daß in uns immer ein Widerstand vorhanden ist, ganz einfache Dinge zu tun, von denen man weiß, daß sie getan werden müssen. Wenn man dazu gelangt, den Grund dieses Widerstandes zu verstehen, dann beginnt man, sich selbst ein wenig zu entdecken. Das macht den Reichtum der inneren Sammlung aus.

Es besteht hier eine gewisse Ähnlichkeit mit der Psychoanalyse. Wer hat die Stille wieder aufgewertet? Freud! Er hat ihre enorme Macht wieder aufgedeckt. Für den, der eine Psychoanalyse durchmacht, gibt es Augenblicke, in denen die Stille bedrükkend wirkt. Dann möchte der Patient, daß sein Arzt etwas zu ihm sagen würde. Es gibt also eine Macht der Stille, die uns zwingt, tiefer in uns selbst einzudringen. Das ist ein Phänomen, welches Jesus gut kannte. Er konnte eine ganze Nacht in der Stille der Wüste zubringen. Dem Apostel Paulus war es ebenfalls bekannt. Auch allen Mystikern. Es handelt sich um einen Neuaufbau der Person, der zur Entdeckung der tieferen Beweggründe führt.

Kann die Stille auch ein wichtiger Faktor im Leben eines Menschen ohne Glauben sein?

Gewiß. Es gibt einen psychologischen Aspekt der Stille. Für

mich bedeutet sie ein Hören auf Gott. Für andere aber kann sie eine Selbsterforschung darstellen.

Ich habe oft Gelegenheit gehabt, mit andern zusammen still zu sein. Im allgemeinen konnte ich feststellen, daß einfache, weniger gebildete Menschen es am besten können. Ein Bauer, der anfängt, auf Gott zu hören, kann schon nach fünf Minuten eine Liste seiner sämtlichen Probleme aufstellen, wozu ein Professor der Philosophie unfähig wäre. Auch die Kinder verstehen sofort, worum es geht. Die Wahrheit kommt ganz ungeschminkt heraus. Es handelt sich also um ganz einfache Dinge, deren Kenntnis dem modernen Menschen abhanden gekommen ist.

Kann also ein gewisses einseitig verstandesmäßiges Denken ein Hindernis sein?

O ja! Auch in der Medizin sind die Intellektuellen am schwierigsten zu behandeln. Nicht umsonst hat Jesus gesagt, man müsse wieder werden wie die Kinder. Umgekehrt hat ein Intellektueller, der eine tiefe Erfahrung gemacht hat, auch vieles weiterzugeben.

Sie haben kürzlich in einem Vortrag gesagt, die innere Sammlung hätte Ihnen erlaubt zu entdecken, wie ungeheuer groß die Lebensprobleme bei fast allen Menschen sind. Wie kamen Sie zu dieser Einsicht?

Die Menschen sprechen sich in dem Maß über ihre Probleme aus, wie wir bereit sind zuzuhören. Das Ganze ist einem Barometer vergleichbar. Nun, diese Bereitschaft hängt zu einem großen Teil von dieser Disziplin der inneren Sammlung ab, in der wir unsere menschlichen Beziehungen vor Gott bringen, um zu versuchen, die Steine aus dem Weg zu räumen.

Eben sprachen Sie davon, daß Sie sich mit anderen Menschen zusammen in der Stille sammeln. Besteht da nicht die Gefahr, anderen etwas aufzwingen zu wollen?

So sehr ich von der Wichtigkeit des Suchens nach dem Willen Gottes für den Betreffenden selbst überzeugt bin, so skeptisch bin ich in bezug auf die Möglichkeit, diesen Willen Gottes für andere zu formulieren. Gerade das hat zu so viel Intoleranz, zu so vielen Mißbräuchen geführt. Wer den Anspruch erhebt, den Willen Gottes zu kennen, will ihn andern oft aufzwingen, mit dieser Selbstgefälligkeit, die aus der Überzeugung stammt, eine von Gott kommende Wahrheit zu besitzen. So etwas meide ich wie die Pest. Ich kann nie wissen, was Gott für andere will. Selbst in der Psychoanalyse verlangt der Arzt im Prinzip, daß der Patient selbst die Entdeckungen mache. Wenn der Arzt anfängt, Anregungen zu geben, gerät er fast immer auf den falschen Weg.

Wenn man den anderen auch nicht sagen sollte, was sie zu tun haben, sind Sie dann nicht doch der Ansicht, daß man ihnen helfen kann, ihre geistigen Vorbehalte zu überwinden?

In dem Maß, wie ich selbst meine eigenen Widerstände, wahr zu sein, überwinde, kann ich den anderen helfen, die ihren zu überwinden.

Ich muß noch ein Wort darüber sagen, welche Rolle die Stille in der Ehe spielt. Für meine Frau und mich ist sie wesentlich gewesen. In der Stille kommen einem Dinge in den Sinn, die auszusprechen vor dem anderen schwer fällt, weil man Angst hat, mißverstanden oder kritisiert zu werden. In der Meditation kann man diesen inneren Befehlen nicht ausweichen. Ohne innere Sammlung wäre man versucht, eher vorteilhafte als beschämende Dinge zur Sprache zu bringen. Die Stille ist für meine Frau und mich der Weg gewesen, uns gegenseitig wirklich kennenzulernen, während sich so viele Eheleute nur in der Illusion wiegen, miteinander über alles zu sprechen. Man kann sogar miteinander beten und Loblieder singen, ohne wirkliche gegenseitige Offenheit, indem man geistige Vorbehalte macht. Durch die innere Sammlung lernt man einander so gründlich kennen, wie das auf keinem anderen Weg sonst möglich ist.

Kann das morgendliche Stillesein, das im Anfang schwierig erscheint, mit der Zeit ganz natürlich werden?

Sehr oft habe ich es praktiziert, um meinen einmal gefaßten Entschlüssen treu zu bleiben. Es ist unvermeidlich, daß man sich im Leben manchmal ein wenig dazu zwingen muß, um sich nicht selbst verachten zu müssen. Dabei geht man vielleicht durch eine

Zeit geistiger Armut. Und dann kommt es wieder zu einer echten Erfahrung, die neuen Auftrieb gibt, und der Beweggrund der Eitelkeit verschwindet wieder.

Sie lieben es bekanntlich nicht, eine Methode anzugeben. Könnten Sie aber einige Angaben darüber machen, was den Inhalt einer inneren Sammlung ausmachen kann?

Ich praktiziere die innere Sammlung, indem ich Notizen mache. Das ist vielleicht nicht die geeignete Methode für jedermann. Es gibt Leute, die sagen: „Sobald ich einen Bleistift zur Hand nehme, kann ich mich nicht mehr sammeln; das scheint mir unnatürlich, zu formell." Mir dagegen paßt das sehr gut, weil ich leicht während der Sammlung vor mich hinzuträumen pflegte. Die Tatsache, schreiben zu müssen, verhindert das Ausweichen in Träumereien, in eine oberflächliche Betrachtungsweise, was angenehm sein kann, aber keine Beziehung mehr zur Realität des Lebens hat. Und dann, etwas niederschreiben zu müssen, wirkt wie ein Hammerschlag auf einen Nagel, der dadurch tiefer eindringt. Das verpflichtet uns stärker.

Lenken Sie Ihre Überlegungen bewußt in eine bestimmte Richtung?

So wenig wie möglich. Gott denkt anders als wir. Und gerade der Übergang von unserem Denken zu dem Denken Gottes bedeutet einen großen Sprung.

Ein letzter Punkt. Wie kann man den Willen Gottes im Durcheinander unserer eigenen Wünsche und Launen erkennen?

Es braucht vor allem Geduld. Diesbezüglich möchte ich von einer persönlichen Erfahrung berichten. Ich hätte beinahe die Medizin aufgegeben, um mich der Sache des Evangeliums zu widmen. Ich fühlte mich dazu hingezogen, aber meine Frau war nicht einverstanden. Das zeigt, wie schwer es ist, deutlich den Willen Gottes zu erkennen. Wir lebten monatelang in großer Ungewißheit, und an manchen Tagen war ich dem Verzweifeln nahe, bis zu dem Augenblick, als ich erkannte, daß ich die Medizin nicht aufgeben, sondern sie mit der gemachten Erfahrung verbinden sollte. Plötzlich wurde es mir ganz klar: Es war kein

Kompromiß, sondern eine Synthese. Darin lag das Schöpferische. Es war nicht der Sieg der Idee von einem von uns beiden, sondern ein dritter Weg, der sich als fruchtbar erwies. Ich erwähne dieses Erlebnis gerne, weil es einerseits die Bedeutung des Versuchs, sich von Gott führen zu lassen, gut illustriert, und andererseits die Schwierigkeiten aufzeigt, die das mit sich bringen kann. Darum ist Geduld erforderlich. Bisweilen ist der Wille Gottes offensichtlich und für jedermann erkennbar. Leider jedoch ist das selten. Man möchte wünschen, daß es öfters der Fall wäre. Aber dann würden wir hochmütig ...

Interview von Jean-Jacques Odier mit Paul Tournier, erschienen in den Caux-Informationen im Sommer 1984.

Kurzer Überblick

Was für mich am meisten zählt, ist die Begegnung. Die Begegnung mit dem andern, mit einem Menschen, mit einer Idee, mit der Natur, die Begegnung mit Gott, der sich hinter all diesen Begegnungen verbirgt. Der Elsässer Philosoph Georges Gusdorf hat gesagt: Wenn man im Alter sein Leben überdenkt, kommen einem einige privilegierte Stunden in den Sinn, die alle die Frucht einer Begegnung gewesen sind. Sein Waadtländer Vorgänger Charles Secrétan erzählt, daß seine ganze Philosophie in dem Augenblick entstanden sei, als er auf der Terrasse der Kirche von Montreux die Aussicht betrachtete.

Auch für mich waren es jedesmal Begegnungen, die eine Wende in meinem Leben herbeiführten. Mein Vater ist Pfarrer und Dichter gewesen. Bei meiner Geburt war er 70 Jahre alt, und zwei Monate später ist er gestorben. Mit meiner älteren Schwester zusammen lebte ich bei der Mutter, die gestorben ist, als ich sechs Jahre alt war. Da habe ich mich ganz auf mich selbst zurückgezogen und bin ein schüchterner Knabe geworden. Wenn man mich heute sieht, stellt man sich vor, ich sei von Natur aus wie gemacht, um Vorträge zu halten und mit jedermann Kontakt zu finden. Es ist gerade das Gegenteil der Fall. Ich bin ein sehr gehemmtes, anormales Kind gewesen, unfähig, mich an jemanden anzuschließen, und führte ein schattenhaftes Dasein. Wenn ich mich einer Gruppe von Knaben näherte, die miteinander diskutierten, entstand eine Art von Unbehagen. Man wußte nicht mehr, was sagen. Meine Kindheit spielte sich in einer beispiellosen seelischen Einsamkeit ab, wobei ich das Gefühl hatte, für niemanden etwas zu bedeuten. Ich bin seither vielen Menschen begegnet, die dasselbe Gefühl kannten, nicht zu existieren, oder die nur so taten, als existierten sie.

Als ich sechzehn Jahre alt war, mußte wohl ein Lehrer gefühlt haben, daß dieser schüchterne Junge ein wenig Hilfe nötig hätte, und er tat etwas ganz Ungewöhnliches; er lud mich zu sich nach Hause ein. Das war meine erste Begegnung. Ich betrat sehr verlegen und eingeschüchtert sein Studierzimmer, dessen Wände ganz mit Büchern bedeckt waren, und wußte nicht, was sagen. Später dachte ich mir, daß mein Lehrer wahrscheinlich auch nicht wußte, was er sagen sollte. Aber er tat für mich etwas Grundlegendes: Er hat mir das Gefühl gegeben zu existieren. Ich war nicht mehr nur ein Schüler vor seinem Lehrer, sondern es standen sich zwei Personen gegenüber. Gewöhnlich spielt jeder im Leben eine Rolle, und das schafft funktionelle Beziehungen. Persönliche Beziehung nenne ich, wenn man sich nicht als Patient und Arzt oder Schüler und Lehrer gegenübersteht, sondern als Person.

Mein Lehrer und ich, wir haben uns so angefreundet, daß ich während vieler Jahre fortfuhr, einmal pro Woche zu ihm zu gehen. Und gleich nach meiner Hochzeit war die erste Einladung, die meine Frau und ich erhielten, die meines Lehrers. Als Griechischlehrer beschäftigte er sich mit Philosophie, und wir führten intellektuelle Diskussionen miteinander. Ganz plötzlich, von einem Tag auf den andern, entdeckte ich, daß ich mit Ideen eine Rolle in der Gesellschaft spielen konnte, und ich begann, lebhafte Diskussionen zu führen. Als ich auf die Universität kam, gründete ich die Allgemeine Studentenverbindung der Universität Genf; ich wurde Zentralpräsident der Studentenverbindung der Zofinger; als Delegierter des Internationalen Komitees vom Roten Kreuz half ich, die russischen Kriegsgefangenen in ihre Heimat zurückzuführen. In der Kirche habe ich eine Bewegung „Zurück zu Calvin“ angeregt, die mehr Unruhe als Frieden in der Genfer Kirche hervorrief. Im Grunde wußte ich jedoch, daß mir etwas fehlte. Eine Umwandlung, eine Wende, eine Begegnung hatten mein Leben zu intellektuellem Handeln geöffnet. Aber das führte zu nichts Besonderem.

Da hatte ich meine zweite Begegnung:

Im Frühjahr 1932 fand in Genf eine Abrüstungskonferenz statt. Ich war damals Sekretär des Genfer Kirchenrates und erhielt von Frank Buchman, dem Gründer der Oxfordgruppe und der Moralischen Aufrüstung, ein Bewilligungsgesuch, in der Kathedrale von St. Pierre einen Gottesdienst für die Delegierten der Konferenz abhalten zu dürfen. Dem Brief war eine Empfehlung von meinem Freund, Pfarrer Jean de Saussure, beigefügt. Ich konsultierte den Präsidenten des Kirchenrates und sagte zu ihm: „Ich glaube, daß es Amerikaner sind, da aber Saussure sie empfiehlt, können wir mit geschlossenen Augen unsere Zustimmung geben.“ Folglich habe ich also die Kathedrale diesen Unbekannten überlassen, dem von ihnen dort organisierten Gottesdienst jedoch nicht beigewohnt. Damals war ich weit davon entfernt zu ahnen, daß auch ich durch ihre Tätigkeit einmal berührt werden könnte.

Im Sommer haben Dr. Henri Mentha und ich uns gegenseitig während der Ferienzeit vertreten. Einmal besuchte ich in der Gynäkologischen Klinik von Malagnou eine seiner Patientinnen. Sie war die Frau eines beim Völkerbund akkreditierten deutschen Journalisten. Als ich die Zimmernummer der Patientin bei der Pförtnerin verlangte, sagte diese zu mir: „Ah, Sie besuchen die Baronin? Nun, Sie werden sehen, sie ist nicht bequem.“ Und wahrhaftig, es war so offensichtich, daß ich beim Herausgehen mich nicht enthalten konnte, zur Pförtnerin zu sagen: „Es wäre nicht nötig gewesen, mich zu warnen; ich hätte schon selbst gemerkt, daß sie furchtbar schwierig ist.“ Übrigens behandelte sie ihren Mann wie einen Bediensteten, sie war launisch, egoistisch und alles sonst nur Erdenkliche.

Eines Tages im Herbst sagte Mentha zu mir: „Erinnerst du dich an die Baronin?“

„Ah“, sagte ich, „so etwas vergißt man nicht ...“

„Nun, weißt du, daß sie sich geändert hat?“

„Nicht möglich.“

„Doch, sicher. Sie hat mich wieder aufgesucht für eines ihrer Dienstmädchen. Sie war voller Aufmerksamkeit. Es ist unglaublich.“

Henri Mentha und ich, wir gehörten zu einer Gruppe, die er sieben Jahre vorher gegründet hatte und die man die „Beunruhigten Söhne der Kirche“ nannte; Laien und Pfarrer kamen da zusammen; sie wollten Pioniere einer Erneuerung, einer Erwekkung in der Kirche sein. „Findest du nicht, daß man die Baronin fragen sollte, was sie erlebt hat?" sagte Mentha. Einige Tage später brachte er mir die Antwort. Sie hatte zusammen mit ihrem Mann an einer Tagung in Ermatingen im Kanton Thurgau teilgenommen, und dort hatte sie ihr Leben geändert, wie sie sich ausdrückte. Offensichtlich verdiente die Frage, näher untersucht zu werden. Ich schlug vor, die Baronin zu fragen, ob sie uns nicht bei diesen Leuten einführen könnte. „Es scheint, daß es so etwas wie eine Heilsarmee für die Reichen ist", entgegnete mir mein Kollege.

Die Baronin wollte gerne eine Begegnung organisieren, aber wir sollten den Ort bestimmen. Die „Beunruhigten Söhne der Kirche" kamen oft bei Henri Necker zusammen, dem Nachkommen des berühmten Bankiers. Er war ein reizender Mensch, sehr fromm, und besaß eine wunderbare Privatvilla neben der des französischen Geschäftsträgers. Die Villa war sehr behaglich eingerichtet mit vielen alten Portraits. Die Zusammenkunft wurde auf den 23. November 1932 festgesetzt. Wir hatten die Gruppe der „Beunruhigten Söhne der Kirche" eingeladen, ferner die paar Älteren, die etwas außerhalb standen und die wir die „beunruhigten Onkel" nannten. Wir wußten jedoch absolut nicht, wen wir sonst noch antreffen würden.

Drei Professoren waren eigens von Zürich gekommen, der Literaturprofessor Theophil Spoerri, der Theologe Emil Brunner und der Psychiater Alphonse Maeder. Es war auch ein hoher Funktionär des Völkerbundes mit Namen Jan de Bordes anwesend, der die finanzielle Beaufsichtigung über Österreich ausübte. In der Eigenschaft als Experten für die Umwandlung der Kirche wollten wir uns dokumentieren, und wir fragten: „Welches sind Ihre Methoden? Was für Ergebnisse haben Sie aufzuweisen?" Ich war sehr enttäuscht von den Antworten, und ich sagte zu ihnen: „Wir baten Sie um Brot, und Sie geben uns Steine." Sie hatten keine Methode, und was die Ergebnisse betraf, bestanden sie nur im Bekennen von Steuerhinterziehungen und von andern Machenschaften dieser Art.

Immerhin hatte Jan de Bordes von innerer Sammlung gesprochen, und nach der Sitzung ginge ich geradewegs auf ihn zu, um ihn zu fragen, wieviel Zeit er täglich dafür aufwende.

„Das kommt darauf an", antwortete er mir.

„Ich hätte gerne eine genaue Antwort."

„Nun, im Durchschnitt eine Stunde, manchmal auch etwas mehr."

Am nächsten Morgen erhob ich mich leise und heimlich eine Stunde früher, damit meine Frau mich nicht fragte, was ich tue. Ich ging in mein Schreibzimmer, legte meine Uhr vor mich hin, während ich mir sagte: „Nun will ich einmal sehen, was dabei herauskommt, wenn ich mich eine Stunde in der Stille sammle." Von Zeit zu Zeit schaute ich auf die Uhr, und als eine Stunde vorbei war, stellte ich fest, daß ich nichts vernommen hatte. Und dann, während ich meine Uhr wieder am Handgelenk befestigte, dachte ich mir: „Ich muß in den nächsten Tagen fortfahren damit", und sofort fuhr mir der Gedanke durch den Kopf: Diese Idee könnte von Gott kommen. Und ich habe meinen Versuch fortgesetzt.

So war ich in eine Bewegung eingeführt worden, die in den internationalen Kreisen von Genf Fuß gefaßt hatte und die sich auf die einfache Idee gründete, daß die Probleme der Welt faktisch persönliche Probleme seien. Ich diskutierte gerne über große Probleme, aber Jan de Bordes, dieser Funktionär des Völkerbundes, führte mich dazu, mich selbst zu prüfen. Ich spielte damals eine Rolle in der Kirche, ohne eine persönliche Erfahrung mit Gott gemacht zu haben. Auch de Bordes war Christ seit seiner Geburt wie alle Holländer, aber er hatte eine Bekehrung durchgemacht. Er hat mich zu sich eingeladen und auf ganz persönliche Weise mit mir gesprochen, nicht über Platon und andere Philosophen, sondern davon, wie er von einem landläufigen Christentum zu einem erlebten Christentum gekommen war. Als Antwort auf einen Ruf Gottes hatte er auf ganz konkrete Weise sein Leben in Ordnung gebracht. Was konnte ich darauf antworten? Ich mußte von mir selbst sprechen, und zum ersten Mal in meinem Leben habe ich mit 32 Jahren unter Tränen von meinem Leiden als Waise gesprochen, das ich seit meiner Kindheit verdrängt hatte.

Zu dieser Zeit war in Genf gleichsam etwas wie ein Wehen des Heiligen Geistes zu spüren gewesen, das viele Leute innerlich aufwühlte und einen großen Einfluß auf die Kirche hatte. Man sprach dort beispielsweise von nichts anderem und führte unter dem Einfluß der Gruppe die „Zeit der Stille" ein.

Ich denke hier an einen Mann namens Maurice Thudichum. Mit den „Beunruhigten Söhnen" hatten wir in der Kathedrale von St. Pierre an Donnerstagen Gottesdienste für Skifahrer organisiert, die am Sonntag einen Ausflug machten. Das hatte Stürme der Entrüstung hervorgerufen, weil wir so die Einheit des sonntäglichen Gottesdienstes durchbrachen. Ich suchte Thudichum, den Präsidenten des Skiklubs auf, um ihn zu bitten, einen Aufruf für diese Gottesdienste zu unterzeichnen. Er entgegnete mir: „Wie können Sie von mir verlangen, daß ich das unterzeichne, da ich an nichts glaube!" Jahre später habe ich diesen selben Maurice Thudichum anläßlich einer Tagung in Vevey wiedergesehen, wie er sich erhob und sagte: „Ich habe verstanden! Ich muß einen Blanko-Vertrag mit Gott unterzeichnen, und Er wird darauf schreiben, was Er will." Das ist wirklich ein Engagement. Thudichum beschäftigte sich in der Folge mit der Zählung jener, die während des Zweiten Weltkrieges in den Verbrennungsöfen verschwunden waren.

Da wäre noch Professor Gampert von der Theologischen Fakultät zu erwähnen. Anläßlich der Abrüstungskonferenz suchte Frank Buchman ihn auf. Nach dem, was Gampert mir später erzählt hat, geschah folgendes: Buchman schlug Gampert vor, daß sie sich zusammen in der Stille sammeln sollten. Gampert hatte immer geglaubt, sich sammeln bedeute, still sein und die Augen schließen. Er sah aber, daß Buchman die Augen offen hielt und immer etwas aufschrieb. Dann schlug man ihm vor, einige Personen zu sich einzuladen. Es war sehr nett, und er erwartete, daß man ihn bitten würde, am Schluß ein kurzes Gebet zu sprechen. Aber nichts Derartiges geschah. Das war es, was Gampert mir mit der ihm eigenen Ironie erzählt hatte. Aber er hat sich seither verändert. Ich sah ihn noch am Vorabend seines Todes. Kurz vorher hatte er in St. Pierre gepredigt und von seiner Bekehrung gezeugt, indem er sagte: „Ich bin der ältere Bruder des Verlorenen Sohnes gewesen." Diese Predigt ist, glaube ich, seine letzte gewesen.

Im Jahr 1937 habe ich noch eine andere Wende durchgemacht. Anläßlich einer Versammlung in Oxford hörte ich Frank

Buchman sagen, man solle sein persönliches Engagement im Beruf zur Anwendung bringen. Das hat in mir den Entschluß reifen lassen, mich mit dem Einfluß des geistigen und sittlichen Lebens auf die Gesundheit näher zu befassen. Zuerst habe ich mit einigen Kollegen darüber gesprochen. Ich suchte André Schlemmer auf dem Mont d'Or auf (er ist ein Nachfolger von Dr. Paul Carton in der naturistischen Bewegung). Wir verbrachten einen ganzen Nachmittag zusammen auf einem erloschenen Vulkan. Schlemmer sagte zu mir: „Ich empfehle dir, ein wenig Carton zu lesen, und dann zu versuchen. Er war es, der mir den Sinn für die Person als Ganzes gegeben hat, ungeachtet der Spezialgebiete in der Medizin." Schlemmer hat viel von Carton zu mir gesprochen; denn er war für ihn gleichsam eine Rettung. Während seiner Studien hatte er gesehen, was die Medizin damals war, mit dieser Verachtung der Patienten von Seiten des Aufsichtspersonals in den Spitälern, dieser Grobheit. Er dachte daran aufzugeben, als er Carton begegnete, der ihm den Glauben an die Medizin wiedergab. Ich war in diesem Augenblick auch sehr von Carton eingenommen: von seiner Erforschung der Temperamente, der Typologie; Begriffe, über die ich seither viel nachgedacht habe. Der französische Arzt Carton war ein Theist. Er hatte die Vorstellung von einem gesetzgeberischen Gott, der Lebensgesetze aufstellt, die man nicht ohne Folgen mißachten kann, kein Gott des Dialogs und der Begegnung, der zur Person spricht.

Im Jahre 1940 schrieb ich mein Buch „Krankheit und Lebensprobleme". Ich unterbreitete das Manuskript sechs Freunden, und wir kamen in Bern zusammen, um es zu besprechen. Es handelte sich um eine erste Fassung, die wahrscheinlich etwas überladen und schwerfällig gewesen ist. Mentha hatte sich eine enorme Mühe gegeben und alle Seiten notiert, bei denen etwas zu ändern war. Es war bis ins kleinste ausgearbeitet, aber erdrükkend. Maeder hat mir geraten, das erste Kapitel in einer medizinischen Zeitschrift erscheinen zu lassen. „Wenn du siehst, daß es Erfolg hat, publizierst du das zweite Kapitel", sagte er zu mir. Das hieß, als Buch sei es nicht zu veröffentlichen. Ich verbrachte darauf mehrere Monate in vollständiger Verwirrung. Man hatte mir zu sehr die Lücken meines Textes vor Augen gehalten, als daß ich das Buch so, wie es war, noch veröffentlichen konnte. Wenn ich andererseits alles, was man mir vorgeschlagen hatte, hinzugefügt hätte, wäre es nicht mehr mein Buch gewesen. Ich war an einem solchen Tiefpunkt angelangt, daß Nelly zu einer ihrer guten Freundinnen ging und sie fragte: „Was soll ich mit Paul machen? Er ist ganz desorientiert und ratlos. Er glaubt, eine Weisung erhalten zu haben, das Buch zu veröffentlichen, aber er ist blockiert." Die Freundin antwortete: „Laß Gott machen." Wenig später erfolgte der Generalmobilmachungsbefehl, und ich rückte in den Militärdienst ein. Während der ruhigen Stunden des Soldatenlebens habe ich wieder zur Feder gegriffen und das Buch neu geschrieben. Ja, ich habe es sozusagen in einem Wurf niedergeschrieben.

Heute, vierzig Jahre später, sind meine Bücher in ungefähr zwanzig Sprachen übersetzt worden. Ich bin in Japan gewesen und habe dort 25 Vorträge gehalten. Japan, das läßt an den Zweiten Weltkrieg denken, an den Angriff auf Pearl Harbor, der die Feindseligkeiten mit den Vereinigten Staaten ausgelöst hat, und an die Atombombe, durch die sie beendet wurden. Durfte ich es wagen, davon zu sprechen? Da es in Japan nicht viele Menschen gibt, die französisch verstehen, hat man Professoren für französische Literatur an der Universität gebeten, mir als Übersetzer zu dienen. Ich wagte aber nicht an das Thema des Krieges heranzugehen, da ich fürchtete, Kälte um mich zu verbreiten und zu schockieren. Die Hälfte meines Aufenthaltes war vorbei, und ich hatte schon ein Dutzend Vorträge gehalten, als man mir einen großartigen Empfang mit wunderbaren Ansprachen bereitete, auf die ich nur mit akademischen Platituden antwortete, die mich anwiderten. In der darauffolgenden Nacht wachte ich auf, und es war mir, als ob Gott zu mir sprechen würde: „Aber was tust du? Was tust du, mein Lieber? Du kommst nach Japan, um vom persönlichen Kontakt zu sprechen, und der erste Gedanke, der dir in den Sinn kommt, den verdrängst du. Du bist deinem Auftrag ungehorsam."

Am folgenden Tag hatte ich eine Buddhistin als Übersetzerin, eine Spezialistin für die französische Sprache des Mittelalters. Wir besuchten zusammen den großen Buddha von Nara. Vor der Statue sammelten wir uns in der Stille und machten dann einen kleinen Spaziergang. Darauf sagte ich mir: „Jetzt mußt du dir klar werden, was du tun sollst. Ich will diese Buddhistin um Rat fragen, um einen Rat, der von Gott kommt." Die Buddhisten glauben auch an Gott. Er ist keineswegs das Monopol der Christen. Daher habe ich ihr vorgeschlagen, wir sollten uns auf ein Mäuerchen setzen und uns zusammen in der Stille sammeln. Ich stellte das Problem: „Soll ich über ein so heikles Thema wie das Blutbad von Pearl Harbor und die japanische Niederlage sprechen?" Wir meditierten während einer Viertelstunde. Darauf fragte ich die junge Frau, was sie denke. Sie antwortete mir: „Der Krieg, die Niederlage, die Atombombe, jedermann denkt daran, aber niemand spricht darüber. Wenn Sie es mit Liebe tun, würde es gut aufgenommen werden." Am Abend sprach ich in Kobe in einem überfüllten Theater. Die Leute saßen zum Teil auch auf den Treppen und auf jedem verfügbaren freien Platz. Und hier sprach ich von Pearl Harbor, von der Niederlage und erwähnte den berühmten Ausspruch des Kaisers, als er dem Volk die Kapitulation ankündigte: „Wir müssen jetzt das Unannehmbare annehmen und das Unüberwindbare überwinden." Es herrschte lautlose Stille, und der Kontakt war hergestellt.

Ich verleugne den intellektuellen Aspekt nicht, zu dem mich damals mein Griechischprofessor hingeführt hatte; denn indem er mich für diese wissenschaftliche, objektive Seite öffnete, hatte er dazu beigetragen, mich zu einer Person zu machen. Er hatte mir aber nie gesagt, daß er geschieden sei und daß seine Tochter aus erster Ehe die Stiefmutter nicht anerkannt hatte. Ich wußte es von anderer Seite her. Und ich hatte nie von meinem Leben als Waise mit ihm gesprochen. Um von solchen Dingen zu sprechen, hätten wir zu persönlich werden müssen. Die Jahre gingen vorüber, und ich habe ihn kaum mehr gesehen. Dann begann ich zu schreiben. Wenn man sein erstes Buch schreibt, fühlt man sich sehr unsicher. Man weiß nicht, ob man es veröffentlichen soll oder nicht. Ich fragte mich, wem ich meinen Text zeigen könnte, um zu erfahren, ob mein Französisch gut genug sei, um Zustimmung zu finden. Da ging ich zu meinem alten Lehrer. Ich befand mich wieder in dem gleichen Studierzimmer, in das ich vor so vielen Jahren mit emotionellen Gefühlen eingetreten war. Nun begann ich zu lesen. Nach dem ersten Kapitel fragte ich:

„Soll ich fortfahren?“

„Lies weiter, Paul.“

Ich las ein zweites Kapitel. Stille.

„Lies weiter, Paul.“

Dann wieder Stille. Meine Angst wuchs. War es Mißfallen? Plötzlich sagte er zu mir:

„Paul, wir müssen zusammen beten.“

Ich wußte, daß er früher Pantheist gewesen war und an einen unpersönlichen Gott glaubte. Und ich fragte:

„Sind Sie Christ geworden?“

„Ja.“

„Und seit wann?“

„Seit diesem Augenblick.“

Es war eine einzigartige Begegnung, und wir beteten zusammen.

Überall in der Welt begegnet man Menschen, die auf die gleiche Weise angespornt worden sind. Jeder von ihnen hat seinen eigenen Weg gefunden, aber sie haben alle die gleiche Entwicklung durchgemacht. Man erkennt sie sofort an ihrem persönlichen Ton. Sie sprechen von der Realität des Lebens, anstatt über Theorien zu diskutieren.

Auszug aus einem Gespräch mit Jugendlichen in Blonay und in Troinex, 1981.

Die Lebensprobleme miteinbeziehen

Mit innerer Bewegung stehe ich hier vor Ihnen; denn viele alte Erinnerungen werden in mir wachgerufen. Ich sehe geliebte Gesichter wieder. Ich danke Herrn Dr. Marc Jaccotet für seine Einladung. Seine Arbeit *L'horizontal et la vertical dans la pratique médicale* (Edition de Caux) habe ich außerordentlich geschätzt.

Rückblickend muß ich an diesem Abend Zeugnis ablegen für Frank Buchman. Ich habe diesen Mann sehr verehrt, und ich verdanke ihm alles, alles, was geistiges Abenteuer in meinem Leben gewesen ist. Frank Buchman und der von ihm ins Leben gerufenen Bewegung habe ich meine eigene Umwandlung sowie die unseres Ehe- und Familienlebens zu verdanken. Ihm verdanke ich auch meine ganze berufliche Laufbahn, diese neue Ausrichtung, die ich für das Verständnis der Medizin entwickeln konnte. Mein erstes Buch *Krankheit und Lebensprobleme* habe ich übrigens Frank Buchman gewidmet.

Gott ist es, der Frank Buchman inspiriert hat. Und durch ihn, seine Freunde, seine Mitarbeiter und jetzt durch sie alle ist mein Leben weitgehend fruchtbar beeinflußt worden. Und so konnte ich auch diese neue Art, die Dinge zu sehen, in der Ärzteschaft verbreiten, außerhalb von religiösen Zusammenkünften im eigentlichen Sinn.

Ich bin nun seit bald 60 Jahren als Arzt in Genf tätig. Im Frühjahr 1932 ist Frank Buchman anläßlich der Abrüstungskonferenz des Völkerbundes nach Genf gekommen. Damals machte ich meine ersten Erfahrungen mit der inneren Sammlung. So trage ich seit fünfzig Jahren ein Notizheft mit mir herum, worin ich meine Gedanken während der Sammlung eintrage. Ich sage nicht, daß ich nie einen Tag ausgelassen hätte. Ich habe die Meditationen oft versäumt, hauptsächlich früher, aber seit dem

Tod meiner Frau vor acht Jahren nicht ein einziges Mal. Das ist die Grundlage meines Lebens und die Basis von allem, was daraus hervorgegangen ist. Die, welche für meine Bücher dankbar sind, wissen es wohl: Dieses Hören auf Gott, dieses Amt der Seelsorge, diese Begegnungen sind von großer Bedeutung in meinem Leben gewesen. Die Leute haben sich mir eröffnet. Dabei habe ich entdeckt, wie zahllos die Lebensprobleme sind, die bei jedermann vorkommen. Ich erinnere mich, daß ich eines Tages gedacht habe: Es ist schrecklich, daß es in jedem Leben Geheimnisse, schwere Belastungen gibt. Wir Ärzte untersuchen, beobachten, stellen eine medizinische Diagnose; man sollte aber noch eine andere Diagnose stellen. Ich habe angefangen zu merken, was für eine Bedeutung all diese Lebensprobleme für die Gesundheit haben. Die Krankheit kommt viel seltener, als man glaubt, zufällig. Sie bereitet sich sehr oft während Jahren vor. Es besteht ein Zusammenhang zwischen der Gesundheit und all diesen Lebensproblemen, welche die Leute in sich tragen, für die sie eine Hilfe, eine Lösung suchen, ohne zu wissen, an wen sie sich wenden könnten.

Ich sehe hier den Vater von Dr. Marc Jaccotet, einen alten Kameraden von mir. Wir haben zur selben Zeit unsere medizinischen Examen gemacht. Eines Tages führte ich ihn auf den Salève hinauf, wo wir eine Farm besaßen. „Ich sehe, daß es Eier im Hühnerstall hat", sagte er, als wir oben ankamen. „Wir wollen einen kleinen Spaziergang machen und Pilze sammeln, damit wir ein Pilzomelett machen können." Ich dachte mir: „Das wird schön lange dauern!" Aber keineswegs. Er nahm einen Korb, und im Spazierengehen bückte er sich immer wieder und sammelte ein. Er war der Sohn eines Pilzkontrolleurs und kannte sich aus. Ich war sprachlos: In zehn Minuten war der Korb voll. Ich schaute und suchte, aber ich sah nur das Gras. Da verstand ich, daß man nur das sieht, was man zu sehen bereit ist. Es gab überall Pilze, aber ich sah sie nicht. So verhält es sich im Leben: Es ist voller Probleme, aber man sieht sie nicht. Auf der Fakultät erhalten wir Unterricht in pathologischer Anatomie, Physiologie und den Symptomen, sowie in Psychologie. Man wird gut ausgebildet in der ganzen medizinischen Wissenschaft, aber niemand lehrt uns, die Lebensprobleme zu sehen.

Überall in der Welt gibt es Tausende und Abertausende von Ärzten, die nur das wissenschaftliche Objekt sehen, was selbstverständlich notwendig ist – Sie alle vermuten, daß ich nicht gegen die Wissenschaft bin, ganz im Gegenteil –, aber das ist gleichsam nur die sichtbare Hälfte des Mondes, die objektive. Es gibt noch eine andere Hälfte. Viele Ärzte spüren intuitiv ein ganz klein wenig, daß eine große Zahl der Krankheiten der Ausdruck eines inneren Dramas ist, eines Leidens, eines Ehekonflikts, einer Niederlage, aber wie sollen sie darauf zu sprechen kommen? Sie wissen nicht, wie sie Hilfe bringen können. Und wenn diese Probleme ans Tageslicht kämen? Was könnten die Ärzte wohl dazu sagen oder tun? Niemand hat es sie gelehrt.

Wie hilft man also den Leuten? Sicher nicht mit Ratschlägen. Denn entweder werden sie gehorsam befolgt, wie von Kindern, oder sie werden nicht befolgt. Also nützen unsere Ratschläge nichts. Was den Leuten hilft, ist das, was auch mir geholfen hat, das heißt, die Begegnung mit Personen, die wirklich von ihren Leiden, ihren Schwierigkeiten, ihren Hindernissen, ihren Weigerungen, ihren Ausflüchten sprechen.

Diese Angst, welche die Ärzte haben, wenn sie ein Problem auftauchen sehen, ist eine mythische Angst. Man muß die Ärzte zu der Erkenntnis führen, daß sie, um den Patienten zur Heilung zu verhelfen, ihnen zuerst erlauben müssen, sich auszusprechen, aus sich herauszugehen. Indem man seine Schwierigkeiten zur Sprache bringt, befreit man sich von ihnen.

Ich war ein Bezirksarzt, ein Hausarzt. Meine Patienten glaubte ich von Grund auf zu kennen, und da plötzlich begannen sie, bei ihren Gesprächen mehr in die Tiefe zu gehen. Die Gesprächsebene hängt von unserer eigenen Bereitschaft ab zuzuhören. Was mir sofort aufgefallen ist, war die Tatsache, daß viele dieser Probleme im Zusammenhang stehen mit der Gegensätzlichkeit von Auflehnung – Annahme. Das Leiden ruft immer Auflehnung hervor, und die Lösung liegt immer in einer Annahme. Aber man verhilft niemandem zu einer Annahme, indem man sagt: „Man muß annehmen." Es müßte gelingen, den Ärzten diesen Zusammenhang verständlich zu machen, der nicht ein Zusammenhang der Kausalität ist, sondern ein geistiger. Die Annahme kommt im Kontakt mit Menschen zustande, die selbst angenommen haben, also erfolgt die Annahme bei unseren Patienten, wenn wir selbst unsere persönlichen Schwierigkeiten angenommen haben.

Es gibt einen Arzt, der viel mehr als ich dazu beigetragen hat, die Bedeutung der Lebensprobleme den Ärzten verständlich zu machen: Es war Michael Balint, ein ungarischer Psychoanalytiker, der zur Zeit Hitlers nach London geflüchtet war. Als ich die Arbeiten von Balint las, habe ich mir gedacht: Das mache ich nun seit dreißig Jahren! Balint sagt zu den Ärzten: „Sie stellen fortwährend Fragen; auf diese Weise erhalten Sie nichts anderes als ein wissenschaftliches Dossier. Lassen Sie einmal die Leute sprechen, lassen Sie sie ungezwungen sprechen, wenn nötig während einer Stunde. Ihre Lebensprobleme können nur sie selbst Ihnen auseinandersetzen."

Auf diese Weise habe ich selbst angefangen. Sehr oft, wenn die Patienten zu sprechen begannen, ahnte ich ihr Problem, und ich sagte dann zu ihnen: „Hören Sie, die Sprechstunde ist vielleicht ein wenig zu kurz; es warten noch andere Leute, aber kommen Sie mich heute abend am Kaminfeuer besuchen, nicht mehr als Patient, der seinem Arzt gegenübersitzt, sondern im Gespräch von Mensch zu Mensch." Am Kaminfeuer war die Atmosphäre eine ganz andere.

Immerhin besteht ein sehr deutlicher Unterschied zwischen Balint und mir. Die Psychoanalytiker bleiben Wissenschaftler: sie wollen die Probleme nur objektiv sehen. Mit mir sind sie stets sehr nachsichtig gewesen, man muß es sagen. Sie haben mich vorgeladen und gefragt: „Wie machen Sie es?" Ich habe ihnen geantwortet: „Ich weiß es nicht." – „Welches ist Ihre Methode?" – „Ich habe keine." Das hat sie verwirrt. Was sie störte, war, daß ich eines der Grundprinzipien der Psychoanalyse verletzte: die moralische Neutralität des Arztes. Es konnte vorkommen, daß ich von meinen Erfahrungen sprach, sogar von meinem Glauben, und das brachte meine Kollegen aus der Fassung: denn ich verstieß gegen die von Freud und allen seinen Nachfolgern aufgestellte Regel Nr. 1: Wir sollten wie eine weiße Projektionsleinwand sein, auf welche die Patienten alle von ihnen gewollten Bilder projizieren konnten, aber es sollte kein vorausgehendes Bild vorhanden sein. Der Psychoanalytiker hört den Leuten zu, wie sie ihr Leben erzählen; er erlaubt ihnen, von ihren Problemen zu sprechen, aber das Schlimmste für ihn ist, wenn der Arzt die objektive Haltung des Wissenschaftlers aufgibt. Er soll sich alles anhören, sogar Notizen machen, aber kein Wort sagen.

So gab es von Anfang an ein „Problem Tournier". Wissen Sie, wer mich verteidigt hat? Es war Professor Flournoy, einer der ersten schweizerischen Psychoanalytiker, der gleich auf Jung und Maeder folgte. In einem Artikel, der in der Internationalen Revue für Psychologie erschien, hat er geschrieben: „Man wirft Dr. Tournier vor, es an Neutralität fehlen zu lassen und sogar manchmal seine eigenen Überzeugungen zu äußern. Gestehen wir, daß wir das alle tun." Und er zitierte Charles Odier, einen andern Psychoanalytiker, der gesagt hat: „Früher oder später muß der Arzt von seinem wissenschaftlichen Piedestal heruntersteigen, um wieder menschlich zu werden." Das zeigte einen Weitblick seitens der Psychoanalytiker, wie ihn nicht alle Christen haben, und den ich sehr schätze.

Kommen wir auf Balint zurück. Er ist der schweigsame Mann geblieben. Er stellte jedoch fest, daß die Ärzte so viel Arbeit, so viele Patienten haben, daß sie nur ausnahmsweise eine lange Unterredung führen können.

Kürzlich las ich ein Buch, an dem Balint noch kurz vor seinem Tod gearbeitet hatte, und das jetzt durch seine Frau unter dem Titel: *Sechs Minuten pro Patient* veröffentlicht wurde. Das ist, wie es scheint, der Rhythmus in England; ein Arzt sieht einen Patienten im Durchschnitt während sechs Minuten.

Die von Balint und seiner Frau gestellte Frage ist die folgende: Was können die Ärzte tun, um zu einer mehr in die Tiefe gehenden Medizin zu gelangen? Merkwürdige Sache, sie führen einen neuen Begriff ein, der mich sehr erstaunt hat, das Wort *flash* (ein Funke, der überspringt, ein Aufblitzen). Es wird keine Definition gegeben: jedermann versteht es. Von einem Augenblick zum andern kann ein *flash* eintreten, das heißt, eine echte Begegnung zwischen Arzt und Patient. Nun, was ist ein *flash* anderes als etwas Irrationales, Unwissenschaftliches? Ein Eindruck, ein Gefühl, was ich für mein Teil eine Gemeinschaft nenne. Es kommt in der Tat von Zeit zu Zeit zu einem Gefühl der Begegnung, manchmal sogar, ohne daß ein einziges Wort ausgesprochen wurde. *Flash!* Balint und seine Frau sagen, daß es unvergeßlich sei. Und schon sind sie am Rand des Irrationalen. Sie wagen es aber nicht, den Graben zu überspringen; denn man hat ihnen immer eingeimpft, objektiv zu bleiben.

Mit diesem Wort *flash* erfaßt Balint das, was der Medizin fehlt, etwas, das nicht wissenschaftlich ist, eine Gelegenheit für jeden, seine eigenen Probleme zu erkennen, zu versuchen, anders zu leben. Das kann in Sekundenschnelle geschehen, selbst während einer Sechs-Minuten-Sprechstunde. Ein Element tritt dazwischen, das sich jeder objektiven Bezugnahme entzieht, das aber immer ein Gefühl echter Begegnung ist. Begegnung zu zweit, Begegnung zu dritt? Sogar bei Balint ist eine unsichtbare Gegenwart Gottes im Spiele. Der *flash* enthält schon an sich eine göttliche Wirklichkeit, selbst wenn der Vorgang zwischen einem ungläubigen Psychoanalytiker und einem ebenfalls ungläubigen Patienten stattfindet. „Nicht jeder, der zu mir sagt: Herr! Herr! ..." (Matthäus 7,21).

Der *flash* wird weder vom Patienten, noch vom Arzt vergessen. Er ist eine Erfahrung, etwas Erlebtes. Natürlich wird Balint sagen, es sei eine psychologische Erfahrung. Ich vertrete die Ansicht, daß es eine geistige Erfahrung ist. Es ist ein Augenblick, in dem Gott spricht. Dann befreien sich die Menschen von einer Hypothek.

Dr. Paul Campbelle hat es vorhin sehr gut gesagt: Die Männer haben Angst vor der Emotion. Die Emotion, das ist etwas, womit die Psychoanalytiker Mühe haben. Das war auch mein Problem, ich hatte Angst vor der Emotion. Da ich eine Waise gewesen bin, habe ich immer meine Gefühle verdrängt, mich auf mich selbst zurückgezogen, in seelischer Einsamkeit. Beim Zusammensein mit Jan de Bordes, dem Funktionär des Völkerbundes, habe ich in seinem kleinen Genfer Haus zum ersten Mal über den Tod meines Vaters und meiner Mutter geweint. *Flash,* ja, eine Befreiung von dieser Blockierung.

Ich wollte ein menschlicher, ein hilfsbereiter Arzt sein, ich hatte eine sehr leutselige Art, mit jedermann zu verkehren, ein wenig paternalistisch. Das führte nicht weit. Um mehr zu erreichen, muß man von sich selbst frei sein. Ich gab mir nicht darüber Rechenschaft, daß ich selbst es war, der die Herstellung des

Kontakts verhinderte. Unsere Aufgabe ist es also, den Ärzten zu helfen, aus ihrer rein wissenschaftlichen Sicht herauszutreten. Das will jedoch nicht heißen, daß sie nicht mehr Wissenschaftler sein sollen: sie müssen aber verstehen lernen, daß die Medizin nicht nur Wissenschaft ist.

Theodor Flournoy, der Begründer der modernen Psychologie, hat gesagt: „Wenn man sich mit Wissenschaft beschäftigt, muß man von der Transzendenz absehen." Das gilt für die Wissenschaft. Aber in der Medizin verhält es sich anders. Der Ausdruck *flash* bezieht sich nicht nur auf die psychologische Seite des Menschen, sondern auch auf seine religiöse. Ich kann mir stets sagen: Dieser Patient ist mir von Gott gesandt worden; er hat Probleme; Gott ist es, der sie lösen kann, nicht ich. Ich muß ihn empfangen und zur persönlichen Begegnung bereit sein. Das erfordert vom Arzt, daß er von seinem wissenschaftlichen Piedestal herabsteigt. Gerade das wollte ich mit meinen Abenden am Kaminfeuer zum Ausdruck bringen. Das befürwortete auch Balint in seinen langen Gesprächen oder in den *flash*-Gesprächen, von denen mehrere seiner Mitarbeiter berichten, ohne sich immer darüber klar zu sein, um was es sich handelt. Kurz, sie kommen hier dem persönlichen Engagement nahe.

Meiner Ansicht nach kommt es zu einem *flash*, wenn eine Wechselbeziehung besteht. Die wissenschaftliche Haltung ist die Haltung des Gelehrten, wobei es zu keiner Wechselbeziehung kommt: Auf der einen Seite steht der Wissende, auf der andern der Unwissende. Übrigens muß man nur auf die Reaktion der Ärzte achten, wenn die Patienten anfangen, etwas zu bestreiten und sagen: „Wissen Sie, der und der Arzt hat mir etwas anderes gesagt." Sie werden wütend. Wir haben eine unsymmetrische Lage, wobei der Arzt der Wissende ist und befiehlt, der Patient hingegen nur noch zu gehorchen hat. Auf diese Weise kommt es zu keinem *flash*. Dazu kann es nur kommen, wenn wir uns von unserer anmaßenden Haltung befreit haben, mehr zu wissen als der Patient. Was die Pathologie betrifft, müssen wir mehr wissen als er, aber was seine Krankheit anbelangt, weiß er mehr als wir.

Das führt uns zu dem Problem vom Sinn der Krankheit. Auf objektive Weise kann ich einen Sinn des Lebens, einen Sinn der

Krankheit nicht feststellen. Die medizinische Diagnose ist etwas Objektives, etwas Wissenschaftliches. Was aber zum Bereich des Sinnes gehört, kann der Patient selbst entdecken. Je mehr unsere Patienten nach dem Sinn der Krankheit fragen, um so notwendiger ist es, daß sie sich aussprechen können und nicht nur eine Antwort erhalten. Nicht ich kann diesem oder jenem Patienten sagen, welches der Sinn seiner Krankheit sei. Ich kann nur für mich selbst nach dem Sinn suchen. Aber um an eine so schwierige Frage wie die Sinnfrage herangehen zu können, muß man wissen, daß man sie oft erst hinterher lösen kann. Manchmal sagt ein Patient mehrere Jahre später zu uns: „Wissen Sie, wenn ich an diese Jahre der Krankheit zurückdenke, verstehe ich jetzt, wozu das gut gewesen ist“. Wenn sich der Sinn einer Krankheit oft erst hinterher zeigt, ist es nötig, vorher einen Akt des Glaubens zu vollziehen. Wir müssen Vertrauen haben, daß ein Sinn vorhanden ist. Entweder hat nichts einen Sinn oder alles. Wenn es für die Welt einen Sinn gibt, so gibt es auch einen Sinn für jeden von uns. Aber das erfordert eine andere Beziehung als die objektive. Der Arzt muß seine Aufgabe als Wissenschaftler erfüllen, der auf seinem Gebiet mehr weiß als der Patient, jedoch unter einer Bedingung: Er muß wissen, daß es auch etwas gibt, das der Patient weiß und er nicht, daß die Probleme, über die der Patient in schlaflosen Nächten grübelt, sein Leiden sozusagen verdoppeln. Wie viele Leute sagen: „Was habe ich wohl dem lieben Gott getan, daß er mir so etwas antut!“ Wie viele Patienten sind nicht schon zu mir gekommen, um über dieses Problem des Schuldgefühls, sehr oft des falschen Schuldgefühls, zu sprechen. Ich frage sie: „Warum gehen Sie nicht zu Ihrem Arzt, um mit ihm darüber zu sprechen?“ – „Oh, er hat nie Zeit.“

Nun, das ist kein Zeitproblem. Es ist also eine Änderung des Arztes notwendig. Balint selbst spricht von einer minimalen, aber unerläßlichen Änderung der Person des Arztes. Er macht hier nur eine Anspielung auf diese Öffnung des Geistes, welche die Lebensprobleme bewußt werden läßt. Es gibt jedoch noch eine tiefergehende Änderung. Es handelt sich für den Arzt nicht nur darum, die psychologischen Probleme zu beobachten, sondern darum, sich in eine Haltung der Wechselseitigkeit zu versetzen, die mit einschließt, fähig zu werden, sich über seine eigenen Probleme zu äußern. Das läßt den Funken überspringen, stellt eine Beziehung her, und das fällt dem Arzt sehr schwer, oft schwerer noch als einer Ärztin.

Es gibt viele Ärzte, die aufrichtig diese persönliche Beziehung suchen. Sie möchten diskutieren, über die Person diskutieren, aber man kann über den Begriff der Person ein Leben lang diskutieren, ohne je die persönliche Beziehung zu finden. Auf einer Tagung erklärte ich einem Arzt: „Sie können diese Beziehung nur finden, wenn Sie selbst sich über Ihr Inneres aussprechen."

„Ja, aber wie kann das geschehen?"

„Also heute abend werden Sie uns etwas über Ihr Leben erzählen."

Als ich am Nachmittag in sein Zimmer kam, fand ich ihn schweißgebadet vor einer leeren Seite sitzend.

„Nun, Herr Professor, wie geht es?" sagte ich zu ihm.

„Oh, ich habe nichts zu sagen."

„Wie, Sie haben vierzig Jahre lang gelebt und nichts hat sich ereignet?"

„Natürlich, ich trinke wie jedermann meinen Kaffee; ich tue dieses und jenes. Aber da ist nichts, daß irgend jemanden interessieren könnte."

Welche Verdrängung! Da versuchte ich, ihm zu helfen und sagte: „Haben Sie nicht einen Sohn im Alter von zwanzig Jahren verloren?"

„Oh, davon kann ich nicht sprechen", rief er aus.

Angst vor der Emotion. Dennoch fand er den Mut darüber zu sprechen, und die ganze Atmosphäre der Tagung veränderte sich.

Alles, worüber ich in meinen Büchern berichte, habe ich von meinen Patienten gelernt. Es gab solche, die das Flugzeug nahmen, um mich aufzusuchen; sie wollten bei mir nur gerade einen Kontakt finden und kehrten wieder mit dem Flugzeug zurück. Diese innere Not, diese Leere sind unglaublich. Sie brauchen jemanden, mit dem sie sich über ihre geheimen Kämpfe, ihre Zweifel aussprechen können, dem sie alles sagen können. Wie viele Leute haben mir beim Weggehen gestanden: „Seit zwanzig Jahren habe ich so etwas gesucht!" Der Preis, den wir dafür bezahlen müssen, ist, daß wir einwilligen, aus unserer wissenschaftlichen Stellung herauszutreten, um eine persönliche Beziehung herzustellen. Das erfordert eine Anstrengung.

Vor kurzem besuchte ich Dr. Lechler, einen befreundeten deutschen Kollegen in seiner von ihm gegründeten Klinik in der Nähe von Karlsruhe. Er hat während vieler Jahre in Amerika mit den Anonymen Alkoholikern zusammengearbeitet, die auch aus der Bewegung von Frank Buchman hervorgegangen sind. Und da hat er sich gesagt: „Es gibt nicht nur Alkoholsüchtige, wir sind alle nach etwas süchtig." Es gibt die Süchtigkeit nach Schlafmitteln, nach Schokolade, nach Ratschlägen. Er hat versucht, die Methode der Anonymen Alkoholiker bei Leuten anzuwenden, deren Krankheit der Ausdruck einer Süchtigkeit ist, um sie davon zu befreien. Selbst jenen, die seit zwanzig Jahren nicht ohne Schlafmittel sein konnten, wird in seiner Klinik gesagt: „Hier gibt es keine Medikamente." Nach ein paar Tagen können sie schlafen. Unter der Bedingung natürlich, daß man ihnen etwas anderes gibt. Was ist dieses andere? Es ist die liebevolle Zuwendung. Es handelt sich um den Versuch, die Leute mit Liebe zu behandeln. Das hat mir einen großen Eindruck gemacht. Die Patienten erhalten Gelegenheit, ihre Gefühle auszudrücken und sich in einen Dialog einzulassen. Es gibt dort eine Gruppe von Psychiatern, die eng zusammenarbeiten. Jeden Morgen tauschen sie ihre Gedanken aus. Und wenn in der Versammlung jemand spricht, weiß man nicht, ob es ein Arzt oder ein Patient ist. Man findet hier eine brüderliche Atmosphäre, und ich habe nie in meinem Leben eine Versammlung gesehen, wo jeder sich so frei vor allen ausdrückt, so daß ich nicht anders konnte, als mein Notizheft hervorzuholen, um einfach die Gedanken aus meiner inneren Sammlung vom frühen Morgen vorzulesen. Ich bin mir hier noch besser bewußt geworden, welchen Einfluß das Milieu hat. Im allgemeinen hat man Angst davor, Anstoß zu erregen. Wir sind im Grunde alle eingefroren, tiefgekühlt! Es braucht folglich einen frischen Wind, ein wenig Liebe. Aber wo finden wir sie? Lechler weiß es wohl. Mit seinen acht Psychiatern hat er während eines ganzen Winters jeden Morgen eine Bibelstunde abgehalten, um wirklich eine Equipe zu schaffen. Und nun fährt er mit diesen biblischen Betrachtungen einmal pro Woche auf freiwilliger Basis fort, aber jedermann geht hin. Das ist die Grundlage des Lebens in seiner Klinik.

Ich erinnere mich auch an eine Geschichte, die mir mein Freund Jean de Rougemont, Chirurg in Lyon, erzählt hat. Sein Sohn starb an einem Sarkom, nach einem Spitalaufenthalt von einem Jahr. Es ist furchtbar für einen Chirurgen, während zwölf Monaten zusehen zu müssen, wie sein Sohn dem Tod entgegengeht. Und da fand er eines Tages im selben Zimmer, in dem sein Sohn gelegen hatte, eine ältere Frau, die ihre Tochter verloren hatte und darüber untröstlich war. Sie lag da wie blockiert, ohne jede Lust zum Leben; es freute sie nichts mehr. Er versuchte, sie mit Worten zu trösten, aber vergeblich. Sollte er von seinem Sohn sprechen? Wenn es etwas Intimes gibt, so das. Schließlich sagte er zu ihr: „Wissen Sie, daß in diesem selben Zimmer mein eigener Sohn gestorben ist?" Am folgenden Tag stand die Frau auf, zog ihr bestes Kleid an, legte etwas Puder auf, nahm ihr Hütchen und ging spazieren, zu neuem Leben erwacht. Und mein Freund machte die hübsche Bemerkung: „Sie war wie eine Wanduhr, die in der Stunde des Todes ihrer Tochter stehengeblieben ist."

Diese Art von Wirklichkeit findet man in jedem Arztleben wieder. Es gibt viel mehr Dramen, als man denkt. Wie viele Ärzte haben ein Kind verloren! Wie viele Ärzte tragen zur Versöhnung eines Ehepaares bei, während sie selbst mit ihrer Frau im Streit liegen! Man muß die Dinge sehen, wie sie sind. Es gibt nur eine Lösung, daß wir einander helfen, uns unserer Probleme bewußt zu werden, aufrichtig zu sein, fähig zu werden, das Erlebte auszudrücken, das Dunkle, unsere Schwierigkeiten, unsere Unentschlossenheit.

Ich muß gestehen, daß ich mich vor der Begegnung mit den Patienten fürchte, gerade weil ich keine Technik habe. Es wäre so bequem, über eine Technik zu verfügen. Man müßte nur die Maschine in Gang setzen. Aber der Vorgang spielt sich in uns selbst ab, das will heißen, zwischen Gott und uns. Bei der inneren Sammlung, beim Hören auf Gott entdeckt man allmählich, trotz der Schwierigkeiten, die Probleme in uns, die die Beziehung verhindern. Die Medizin der Person ist also eine Medizin, bei der es auf die Person des Arztes ankommt, nicht nur auf die Person des Patienten.

Dr. Tournier beantwortet jetzt einige Fragen aus dem Publikum.

Kann man ins Auge fassen, einen Patienten, dem man einmal geholfen hat, sich zu befreien, zu bitten, andern Patienten seine Hilfe anzubieten, so daß sich die Arbeit der Ärzte gewissermaßen vervielfacht?

Ich habe das in großem Maßstab praktiziert. Oft schon habe ich einen Patienten einem ehemaligen Patienten anvertraut, und es gibt nichts Besseres. Es sind befreite Menschen, die andere befreien können. Maeder hat von der Person des Arztes als Medikament gesprochen. Hier ist es die Person unserer eigenen Patienten, die zum Medikament wird. Ich habe diese Methode angewendet; in Gruppenbegegnungen ist das ziemlich leicht. Es ist wirklich ein ausgezeichnetes Verfahren.

Sie haben gesagt, daß es den Männern schwerer fällt, sich offen auszusprechen, als den Frauen. Was kann eine Frau tun, um ihrem Mann zu helfen, sich zu öffnen, ohne daß sie ihn jedoch kontrolliert oder den Eindruck erweckt, alles in Ordnung bringen zu wollen?

Ihre Frage ist sehr wichtig. Zahllose Frauen haben in der Sprechstunde zu mir gesagt: „Es gelingt mir nicht, mit meinem Mann ein echtes Gespräch zu führen."

Wenn ich dann den Mann sah, sagte ich zu ihm: „Ihre Frau hat mir gesagt, sie könne kein richtiges Gespräch mit Ihnen führen."

„Wie? Was sind das für Geschichten? Aber sie ist ja verrückt, wir sprechen über alles miteinander."

Und das ist richtig. Man spricht über alles ... objektiv! Und wir finden hier den Graben wieder, auf den ich angespielt habe. Man spricht von Afghanistan, vom Kartoffelpreis, von der Währungslage, von der Laufbahn der Kinder, von ihren Schulzeugnissen, man spricht über alles, aber über nichts Persönliches. Das verhält sich bei zahlreichen Ehepaaren so. Je mehr die Frau ein Gespräch führen möchte – daß der Mann ihr ein wenig von seinen Sorgen erzähle, von seinen Hoffnungen, seinen Schwierigkeiten –, je mehr sie ihn ausfragt, um so mehr verschließt er sich. Das ist auch bei mir so gewesen. Ich wollte meine Frau immer belehren. Ich erklärte ihr eine Menge objektiver, wissenschaftlicher, psychologischer Dinge, in Wirklichkeit hörte ich ihr jedoch nicht zu.

Es gibt viele Familien, in denen die Frau ständig spricht. Manche Frauen haben mir gesagt: „Ich kann einen ganzen Abend lang sprechen, ohne daß mein Mann ein Wort zu mir sagt. Er sitzt hinter seiner Zeitung, und von Zeit zu Zeit halte ich inne und frage ihn: ‚Hörst du mir auch zu?' Er brummt: ‚Mmm!' und dann fahre ich fort."

Ich habe angefangen, wirklich auf meine Frau zu hören, als wir anfingen, uns zusammen in der Stille zu sammeln. Ich habe immer in der objektiven Welt gelebt, und da meine Frau weniger gelehrt war als ich, so bin ich es gewesen, der sie unterrichtete. Ich habe sie wohl gefördert, gewiß, aber daß sie mich etwas lehren könnte, wovon ich nichts wußte, davon hatte ich keine Ahnung. Erst als ich mich in der Stille sammelte, begann ich, die Bedeutung dessen, was sie sagte, zu würdigen, und ihr auch Zeit zu geben, sich zu äußern. Wenn man das so realisieren kann, dann ist das natürlich die Lösung. Aber Sie wollen wissen, was geschieht, wenn man diese Hilfe durch die innere Sammlung nicht hat. Da ist es, wie ich denke, schwer, und da müssen Sie als Frauen begreifen, wie sehr Sie es nötig haben, von Gott geführt zu werden.

Ich habe manche Ehepaare gesehen, die begonnen hatten, sich während einiger Zeit in der Stille zu sammeln, und dann hatten sie es wieder aufgegeben. Manchmal fuhr ein Partner fort, es zu tun, aber sie taten es nicht mehr zusammen. Ich habe jedesmal versucht, sie zu verstehen. Es geschah fast immer, weil die Frau zu rasch Ratschläge erteilen wollte. Meine Erfahrung als Arzt läßt mich den Frauen raten, ihren Mann nicht zu sehr zu bedrängen und ihn zu einer Antwort zu zwingen. Sie sollen hingegen Respekt haben vor den Schwierigkeiten im Leben vieler Männer und, wenn möglich, sich vor Gott stellen, um zu erfahren, was zu tun sei.

Ich gelte als der Mann, für den die menschliche Person das

Wichtigste ist. Aber es war meine Frau, die mich die Achtung vor der Person gelehrt hat. Die Achtung, das will heißen, daß man sich wirklich ebenbürtig fühlt, daß der Mann von der Frau nicht nur erwartet, daß sie ihm einen Knopf annähe oder etwas Gutes koche, sondern daß sie ihm etwas Lebenswichtiges bringe. Wie viele Männer lassen ihre Frau sprechen, als ob es eine Art Hintergrundmusik wäre. Man macht sich oft lustig über die pausenlos sprechenden Frauen, aber sie tun es, weil die Männer ihnen nicht zuhören. Wenn eine Frau betont: „Mein Mann hat gesagt ..., mein Sohn hat gesagt ..., mein Vater hat gesagt ...", so hat sie damit alles ausgedrückt; denn eine Frau nimmt ernst, was der Mann sagt. Das Umgekehrte ist viel weniger der Fall. Ich glaube, daß das Wort der Frau in der Gesellschaft weniger Gewicht hat, wenigstens auf der Diskussionsebene. Und das, weil beim Mann die Gefühlsseite vollkommen verdrängt worden ist.

Gegenwärtig hat man immer mehr den Eindruck, als wolle man die Zeit in Abschnitte einteilen. Sie sprachen von sechs Minuten pro Patient; mein Arzt widmet ihnen zwanzig Minuten, und ich finde das sehr wenig. Sind diese Hast und diese Zeitaufteilung unbedingt notwendig?

Ich habe meine Sprechstunden zeitlich immer mehr ausgedehnt. Ich konnte es tun, weil es viele Kollegen gibt, die erfreut sind, dadurch mehr Patienten zu erhalten. Ich werde von meinen Kollegen sehr gern gesehen, weil ich nicht eifersüchtig bin. Die alten Ärzte, die sich beklagen, daß die Leute zu ihren jungen Kollegen laufen, könnten etwas mehr Zeit darauf verwenden, ihren Patienten zuzuhören. Das wirkliche Hindernis liegt viel eher im Herzen des Menschen als in den Umständen. Diese zählen natürlich auch. Aber ich glaube, daß diese sechs Minuten pro Patient auf einer Flucht beruhen. Es ist das ganze System, das in Frage gestellt werden muß. Man kann einen Patienten hundertmal sehen, ohne je der Sache auf den Grund gegangen zu sein. Diese aneinandergereihten sechs Minuten, Woche für Woche, welche Zeitverschwendung! Während eine einzige Stunde eines vertieften, echten Gesprächs auf den Grund des Problems geführt hätte. Man denke beispielsweise an gewisse gynäkologische Leiden: Man geht während zwanzig Jahren jede Woche zum Arzt, während das Leiden auf einem ehelichen Problem beruht, das man vielleicht in einem zwei- bis dreistündigen echten Gespräch hätte lösen können.

Manchmal spricht der Patient nur in Andeutungen: „Nun, Herr Doktor, ist es ernst?“ Das will heißen: „Laufe ich Gefahr, sterben zu müssen? Ich möchte gern über den Tod sprechen.“ Der Arzt antwortet: „Wir wollen noch eine Röntgenaufnahme machen.“ Ich will mich nicht über meine Kollegen lustig machen. Es gibt selbstverständlich eine Menge notwendiger Untersuchungen, aber es ist so viel einfacher, Untersuchungen zu machen, als ein echtes Gespräch zu führen.

Haben alle schwereren organischen Krankheiten eine psychologische oder seelische Ursache?

Gewiß nicht. Aber ich kann sagen, daß zu meinen Lebzeiten eine außerordentliche Entwicklung stattgefunden hat. Zu Beginn meiner Laufbahn dachte man hauptsächlich an sehr charakteristische psychosomatische Probleme wie das Magengeschwür. Allmählich kam die Tuberkulose dazu und noch viele andere Krankheiten. Ich erinnere mich, höchst erstaunt gewesen zu sein, als ich von einem amerikanischen Arzt zum ersten Mal hörte, daß der Rheumatismus eine psychologische Ursache habe. Und dann hat vielleicht zehn Jahre später ein anderer amerikanischer Kollege in meiner Gegenwart den psychosomatischen Ursprung des Krebses erörtert.

Früher dachten die Ärzte, psychosomatische Probleme kämen nur in 1–2% der Fälle in Betracht. Jetzt hört man Zahlen zwischen 95 und 98%, selbst bei völlig organischen Krankheiten. Jedermann ist Bazillenträger, sagt man. Warum sind die Bazillen nicht alle wirksam? Ein Gewissenskonflikt kann ihre Entwicklung begünstigen.

Wir müssen uns indessen davor hüten, absolute Behauptungen aufzustellen und zu sagen, alle Krankheiten seien auf psychosomatische Probleme zurückzuführen, das trifft beispielsweise am wenigsten für einen Knochenbruch zu, und doch kann man sich fragen: „Warum ist der Patient gefallen?“ Wir dürfen uns nicht die Haltung eines Richters anmaßen, der den Anspruch erhebt, sagen zu können, was somatisch und was psychisch ist. Verlassen wir diese wissenschaftliche Anmaßung, alles zu klassifizieren, und trachten wir danach, einfach zu helfen, ohne uns zu sehr um die Diagnose zu kümmern. Es war Jung, der gesagt hat: „In der Psychologie hat die Diagnose im Grund keine große Bedeutung."

Denken Sie, daß die Form der Beziehung zwischen Arzt und Patient oder zwischen Mann und Frau, wovon Sie gesprochen haben, als normales Verhalten für einen jeden von uns gelten sollte?

Ja, sicher. Es kommt oft vor, daß auf einen *flash* ein wunderbarer Augenblick folgt, wobei man sich ansieht und der Patient sagt: „Wie ist das wohltuend, einmal alles sagen zu können." Dann kann es geschehen, daß ich antworte: „Im Grunde sollte dies das normale Leben sein." Es sollte das normale Leben sein, wenigstens zwischen Menschen, die sich gut kennen, zwischen Ehegatten beispielsweise, die sich versprochen haben, eine vorbildliche Ehe zu führen. Im *flash* bekommt man eine Ahnung davon, wie das echte menschliche Leben sein sollte. Das wird uns von Zeit zu Zeit als Vorwegnahme geschenkt. Es sind privilegierte Augenblicke, aber selbst wenn es nur zwei oder drei davon in einem Leben gäbe, so hat dies zur Folge, daß ein Leben nicht mehr dasselbe ist wie vorher. Das ist es, was man sein Leben ändern nennt.

Es scheint, daß die junge Generation sehr anfällig für psychologische Krankheiten ist. Ich habe kürzlich einen Jugendlichen getroffen, der zu mir sagte: „Ich setze meinen Stolz darein, deprimiert zu sein." Ist mit der Gesellschaft etwas nicht in Ordnung, was zur Folge hat, daß man seinen Stolz gerade darein setzt, krank zu sein?

Man setzt seinen Stolz in etwas, das man kann. Wer nicht der Erste in der Klasse sein kann, ist gern der Letzte, weil er so nicht irgend jemand ist! Stolz besitzt jedermann. Er schleicht sich überall ein. Ich denke jedoch, daß die Jugend von heute das Opfer unserer gegenwärtigen Gesellschaft ist, die durch ihren Formalismus ein Klima schafft, das für die Übel geeignet ist, von denen wir gesprochen haben. Die Zahl der Neurosen scheint mir symptomatisch zu sein für die Krankheiten der Gesellschaft – und nicht nur mir, sondern sehr vielen Ärzten. Das sind Fragen, über die wir endlos diskutieren können. Man kann die Gesellschaft nicht anders heilen, als indem man jeden einzelnen Menschen heilt. Darauf kommt es an.

Hinter den ein wenig akademischen Diskussionen über die Entwicklung der Zivilisation steht ein einfacheres Problem, das ist, die jedem verständliche Ausdrucksweise zu finden. Was mir in nicht wenigen Kontakten, die ich kürzlich mit Jugendlichen hatte, aufgefallen war, das ist, daß sie sehr verschieden sind; man kann alle möglichen Charaktere antreffen, aber viele von ihnen haben ein großes Verlangen nach einem echten Leben.

Können Sie uns etwas darüber sagen, wie man unheilbar Kranke begleitet und betreut?

Auf diesem Gebiet hat dank einer Frau eine vollständige Revolution stattgefunden, es ist Elisabeth Kübler-Ross. In den Vereinigten Staaten hatte man noch viel mehr Angst vor dem Tod als in Europa. Und sie ist es gewesen, die gerade in den Vereinigten Staaten auf die Feigheit hingewiesen hat, die darin besteht, daß man die Kranken aus Angst vor Emotion ihrer Einsamkeit überläßt. Ich habe vor nicht sehr langer Zeit Frau Kübler-Ross, die aus Langenthal stammt, in Basel angetroffen, wohin sie zu einer Klassenzusammenkunft gekommen war. Sie sagte zu mir: „Ich spreche in jedem meiner Vorträge von Ihnen." Ich habe ihr geantwortet: „Und ich erwähne Sie oft in den meinigen." Darauf haben wir uns umarmt.

Sie mußte zuerst ihre Angst vor der Emotion überwinden. Theologiestudenten hatten sie um ihre Hilfe gebeten bei der Vorbereitung einer Arbeit über das, was die Menschen beim Herannahen des Todes denken. Sie mußte zugeben, daß sie nichts darüber wußte, weil niemand mit den Sterbenden sprach. Sie ersuchte darauf in ihrem Krankenhaus um die Erlaubnis, einen Sterbenden besuchen zu dürfen.

„Und was wollen Sie machen mit diesem Sterbenden?"

„Ich will mit ihm sprechen."

„Worüber?"

„Über seinen Tod."

„Sie sind wohl übergeschnappt!"

Diese Frau hat alles umgestürzt, und nicht nur in den Vereinigten Staaten. Jetzt organisiert man sogar in unsren schweizerischen Krankenhäusern mit einigen Jahren Verspätung diese Begleitung der Sterbenden.

Ich habe über dieses Problem enorm viele Geständnisse von Kollegen empfangen. Sie warfen sich vor, ihre Besuche seltener werden zu lassen, wenn sie sahen, daß nichts mehr zu machen war. Besonders für Chirurgen, die für die Erhaltung des Lebens kämpfen, wird dieses Gefühl, nichts mehr tun zu können, unerträglich, und sie klagen sich später an. Man muß sie verstehen und sie nicht verurteilen oder kritisieren. Zwar findet man oft durch alle die Subtilitäten des Unbewußten ein Mittel, den großen existentiellen Lebensproblemen auszuweichen.

Referat, gehalten anläßlich eines medizinischen Kolloquiums im Konferenzzentrum der Moralischen Aufrüstung in Caux, August 1982.

Die dritte Dimension der Medizin

Als überzeugter Christ bin ich immer bemüht gewesen, meinen Glauben im Beruf zum Ausdruck zu bringen, aber erst in der Mitte meines Lebens, vor ungefähr vierzig Jahren, habe ich einigermaßen den Weg gefunden. In jener Zeit habe ich begonnen, Bücher zu veröffentlichen, und es sind Kollegen zu mir gekommen, die sagten: „Wir möchten gerne den Glauben mit unserem medizinischen Beruf verbinden." Diese Verbindung ist nicht leicht. Wir sprechen in religiösen Zusammenkünften vom Glauben, und dann üben wir unsern Arztberuf aus, wie wir es auf der Fakultät gelernt haben.

Vor einem Jahr war ich in Japan. Dort habe ich eine Anzahl Vorträge gehalten, einen davon in Kyoto, unter dem Vorsitz von Professor Ohashi. Am folgenden Morgen holten meine Kollegen mich im Hotel ab, um mir buddhistische Tempel zu zeigen. Der erste, der kam, war Professor Kuma aus Kobe. Wir plauderten ein wenig miteinander, und dabei erzählte er mir folgendes:

„Schon mein Vater ist Arzt gewesen, ein sehr berühmter Arzt. Daher habe ich hart gearbeitet, um mir selbst einen Namen zu machen. Ich gründete eine große Klinik, und vor zehn Jahren konnte ich mir sagen: Nun ist es mir geglückt. Zu dieser Zeit kamen mir Zweifel. Ich hatte den Eindruck, daß das Abenteuer meines Lebens zu Ende gegangen sei und ich in die Routine fallen würde. Ich sprach mit Professor Ohashi darüber, und er gab mir den Rat, einige Zeit nach Zürich ins Institut Jung zu gehen. Dadurch werde sich mein Horizont erweitern.

Ich habe den Rat befolgt, und ein neues Abenteuer begann. Ich entdeckte die zweite Dimension der Medizin. Nicht daß ich Psychotherapeut geworden wäre, aber es kam mir zum Bewußtsein, daß bei all meinen Patienten psychologische Faktoren mit im Spiele sind, und daß eine Überlagerung zwischen der klassischen Krankheit und den psychologischen Faktoren stattfindet. Und dann hat vor zwei Jahren Professor Ohashi mir geraten, Tournier zu lesen. Ich habe alle Ihre auf Japanisch erschienenen Bücher gelesen und so die dritte Dimension der Medizin entdeckt. Nicht daß ich buddhistischer Priester geworden wäre, aber ich habe verstanden, daß bei jedem Patienten nicht nur ein psychologischer, sondern auch ein geistiger Aspekt vorhanden ist, daß wie zwischen Körper und Seele auch eine Wechselbeziehung besteht zwischen dem Körperlichen – der klassischen Medizin – und der religiösen Problematik."

Es hat mich begeistert, wie dieser Kollege von den drei Dimensionen der Medizin sprach. Aber was ist diese dritte Dimension? Mein Freund Professor Lindeboom von der freien Universität von Amsterdam hat einmal zu mir gesagt, man sollte nicht von der *Medizin der Person* sprechen, sondern von *pneumopsychosomatischer Medizin.* Man hat den Begriff psychosomatisch eingeführt, um die Krankheiten des Körpers zu studieren, die von einem psychologischen Faktor abhängen. Ich beschäftige mich zwar mit dem Einfluß des geistigen Lebens auf die Krankheit. Aber ich habe Professor Lindeboom gegenüber schwerwiegende Einwände gemacht, und er hat sie vollständig akzeptiert. Man kann nicht von drei Teilen des Menschen sprechen. Es ist schon bedauerlich, daß man Körper und Seele getrennt hat. Und man verschlimmert die Dinge noch, wenn man auch den Geist dem Körper und der Seele gegenüberstellen will und damit zu verstehen gibt, daß es drei Teile gibt, die man zusammenfügen muß, während wir gerade danach trachten, nicht zu teilen, sondern *den Sinn des Ganzen wiederzufinden.* Die Medizin ist in Spezialgebiete aufgeteilt, und es wäre eine Illusion, alle Spezialgebiete zu studieren, um sie aneinanderreihen zu können. Man hätte doch noch nicht das Ganze. Wenn man auch Cardiologe, Rheumatologe und Psychologe wäre, hätte man immer noch nicht das Ganze. Diesen Sinn für das Ganze hat die Medizin verloren. Das ist der Preis, den man für die großen Fortschritte in der analytisch-technischen Medizin bezahlen muß. Selbst die psychosomatische Medizin ist eine rein wissenschaftliche, eine objektive Medizin. Der Arzt ist ein Wissenschaftler, der die Beziehungen zwischen Körper und Seele studiert. Er befindet sich noch in einer analytischen Position, die trennt.

Um das Ganze zu finden, muß man in eine persönliche Beziehung zu diesem Ganzen treten. Die dritte Dimension, die geistige, das ist die Dimension der Beziehung. Was geistig ist im Menschen, das ist sein Bedürfnis nach Beziehungen: seine Beziehung zum Nächsten, seine Beziehung zur Natur, zur Gesellschaft, seine Beziehung zu Gott. Hier haben wir die weiteste Definition des geistigen Lebens. Das macht aus uns eine Person, nicht einen Körper oder etwas Psychisches oder sonst irgend etwas, sondern eine Person. Professor Siebeck aus Heidelberg hat gesagt: „Das, was die Person ausmacht, ist die *Interpellation.*" Weil der Mensch von Gott aufgerufen wird, fühlt er sich als Person vor Gott. Durch die persönliche Beziehung zu meinem Nächsten erscheine ich als Person und nicht als jemand, der Heilmittel verteilt. Ich habe versucht, die persönliche Beziehung zwischen Arzt und Patient einzuführen. Man kann über eine Menge von Dingen auf objektive Weise diskutieren: über die Wissenschaft, die Politik, die Wirtschaft; man legt nichts Persönliches hinein. Man engagiert sich nur persönlich, wenn man von seinem persönlichen Leben spricht, sowohl der eine wie der andere.

Der sehr fromme jüdische Philosoph Martin Buber hat gesagt, daß es zwei mögliche Beziehungen gibt: Die *Ich-Es*-Beziehung, die eine objektive Beziehung ist, wobei das *Ich* als Beobachter das Objekt beobachtet. Das ist die Stellung der wissenschaftlichen Medizin, die den Menschen als Objekt studiert, die aus diesem Objekt eine Sache macht und die verhindert, den Patienten als Person zu erfassen. Man sieht alles, was in ihm Sache ist: seine Anatomie, seine Physiologie, seine Psychologie, vielleicht sogar sein geistiges Leben, insofern es philosophisches Leben ist. Die andere mögliche Beziehung ist die *Ich-Du*-Beziehung. Das ist nicht mehr die Beziehung eines Beobachters zu seinem Objekt, sondern eines Individuums zu einem andern Individuum. Das ist die persönliche Beziehung. Um sie zu erreichen, muß der Arzt sich von seiner wissenschaftlichen Stellung lösen.

Unsere Zivilisation läßt uns in einer Welt der Dinge leben. Ein

Pfarrer aus Zaïre, Masamba ma Mpolo (Leiter des Büros der Familienseelsorge des Ökumenischen Rates der Kirchen), hat mir in liebenswürdiger Weise sein Buch gewidmet, in welchem ein bemerkenswerter Satz steht: „Die westliche Medizin behandelt Dinge, während die afrikanische Medizin Personen behandelt." Wie man sieht, stellt er sich genau die gleichen Fragen, wie ich sie mir gestellt habe. Und er fühlt, daß es eine notwendige Entwicklung des Arztes braucht, damit er sich für eine persönliche Beziehung öffnen kann. Unsere ganze Zivilisation ist technisch und wir sind deshalb daran gewöhnt, alles auf eine objektive Art ins Auge zu fassen. Daher fürchte ich sehr, daß es in den Entwicklungsländern zwischen den westlichen Vertretern, die sich für Dinge interessieren – die Dinge, das sind alle Phänomene, welche die Medizin studiert –, und den Eingeborenen, die sich für Personen interessieren, zu keiner Verständigung kommt. Der westliche Mensch will erklären, daß die kausale Beziehung objektiv ist, und der Eingeborene sieht die mystische Beziehung zwischen den Personen. In der westlichen Medizin behandelt man einen Kranken, indem man ihn in ein Krankenhaus bringt und von seinen Angehörigen trennt; man schleppt ihn von einem Apparat zum andern, in einer Welt der Dinge. In den Entwicklungsländern behandelt die Medizin den Kranken innerhalb seines Stammes, und wie ich es in dem Buch von Masamba gelesen habe, sucht sie die Probleme seiner Beziehungen mit den Angehörigen zu lösen. Wie Sie bemerken, bestehen zwei total voneinander verschiedene Auffassungen: die mechanische Position, die auf die unmittelbaren Dinge ausgerichtet ist, und die geistige Sicht, die die Beziehungen zwischen den Personen sieht. Und es ist nicht leicht, von einer objektiven Haltung zu einer subjektiven überzugehen.

Seit über dreißig Jahren nehme ich an Ärztetagungen teil, die dieses Suchen stark vertreten. Sie sind in der ganzen Welt unter dem Namen *Gruppe von Bossey* bekannt: denn dank meiner Freundschaft mit Pfarrer Visser't Hooft, dem ersten Generalsekretär des Ökumenischen Rates der Kirchen, versammelten wir uns das erste Mal im Ökumenischen Institut von Bossey, in der Nähe von Genf. Diese Gruppe von Bossey ist bestrebt, die *Medizin der Person,* das heißt, des ganzen Menschen, zu vertiefen.

Die Ärzte diskutieren sehr gerne. Sie könnten während Jahren über die menschliche Person auf sehr gelehrte Weise diskutieren, indem sie die Anatomie des Gehirns, die Psychologie von Jung und die vieler anderer studieren. Das ist alles sehr interessant, aber es geschieht nichts bei den Ärzten, wenn sie diskutieren. Wenn sie eine persönliche Beziehung finden wollen, müssen sie sich selbst ändern. Die Diskussion ändert gar nichts. Sie ist nur eine intellektuelle Übung, und der Intellekt gehört auch noch zur Welt der Dinge. Es ist nötig, daß diese Ärzte eine persönliche Erfahrung machen. Ich sage daher zu einem jeden von ihnen: „Tagsüber werden wir von unserer Arbeit sprechen, am Abend jedoch werden Sie mir etwas aus Ihrem eigenen Leben erzählen. Weshalb sind Sie Arzt geworden? Wann sind Sie selbst krank gewesen? Welches sind Ihre Probleme? Was für Konflikte haben Sie mit Ihrer Frau oder mit Ihren Kindern? So ist es bekannt, daß man in dieser Gruppe von Bossey aufgerufen wird, von seinem persönlichen Leben zu sprechen. Viele Ärzte haben deshalb nie gewagt zu kommen, weil sie zu sehr Angst hatten. Hier wird ersichtlich, wie sehr der Arzt sich in seine objektive Haltung flüchtet, was ihm erlaubt, großartige wissenschaftliche Leistungen zu vollbringen, während er seine persönlichen Probleme beiseite schiebt.

In allen unsern Studien, in unserer ganzen Ausbildung, angefangen beim Kindergarten, hat man uns Objektivität beigebracht. Und wir haben alle große Mühe, subjektiv zu sein und große Angst davor, persönlich zu werden. Und ich als erster! Ich bin sehr schüchtern, und vielleicht habe ich deshalb verstanden, wie ernst das Problem ist. Die dritte Dimension tritt jedoch in Erscheinung, wenn wir uns dem andern öffnen.

Ich leite die Gruppe von Bossey nicht mehr. Sie ist von jungen Kollegen übernommen worden, die noch kühner sind als ich. Das letzte Mal, es war in Österreich, hatten sie vorgeschlagen: „Wir werden nicht mehr diskutieren. Um wirklich vertraut miteinander zu werden, sprechen wir nicht nur am Abend auf persönliche Weise, sondern den ganzen Tag über." Es brauchte Mut dazu. Aber es ist wunderbar gelungen. Nachher haben alle gesagt, sie hätten noch nie etwas Ähnliches erlebt: keine Vorträge, keine Diskussionen, nur biblische Studien, gegenseitiges

Mitteilen in völliger Offenheit. In dieser Gruppe von Bossey haben wir versucht, den Akzent auf die persönliche Beziehung zwischen Arzt und Patient zu legen sowie auf alle andern Beziehungsprobleme: Beziehung zum Nächsten, Beziehung zur Natur, Beziehung zu Gott. Das führt zur Frage über den Sinn der Dinge – Sinn des Lebens, Sinn des Todes, Sinn der Krankheit, Sinn der Gesundheit, Sinn der Heilung, Sinn des persönlichen Lebens –, worauf die Wissenschaft keine Antwort hat. Die einzige Antwort der Wissenschaft ist der Zufall. Jacques Monod, der Nobelpreisträger für Medizin, hat gesagt: „Für die Wissenschaft gibt es nur den Zufall und die Notwendigkeit, Notwendigkeit der natürlichen Gesetze und Zufall der Variationen, die von Zeit zu Zeit etwas Neues bringen." Der Zufall ist der Gott der Wissenschaftler. Und deshalb hat Lecomte du Noüy, der lange Zeit in den Vereinigten Staaten gearbeitet hat, gesagt, Gott sei der „Anti-Zufall" (anti-hasard). Die Beziehung zu Gott gibt allem einen Sinn. Wenn es keinen Gott gibt, hat nichts einen Sinn. Die wissenschaftliche Sicht der Welt ist wie ein Rad, das sich dreht, ein Zusammenspiel von Phänomenen, die sich aneinanderreihen und sich ohne Ende in einer dem Zufall überlassenen Bahn bewegen.

Diese Frage nach dem Sinn beschäftigt alle Menschen sehr. Der erstbeste Patient sagt zu uns: „Was habe ich wohl dem lieben Gott angetan, daß er mir eine solche Krankheit schickt?" Er glaubt weder an Gott, noch an den Teufel, aber der erste Gedanke, der ihm in den Sinn kommt, wenn ihn eine Krankheit befällt, ist, daß sie eine Strafe Gottes sei. Alle Menschen stellen sich Fragen über den Sinn der Dinge. Hat meine Krankheit einen Sinn? Aber gerade die objektive und wissenschaftliche Sicht ist sinnentleerend. Sie sagt, die Krankheit sei zufällig gekommen, während doch der Mensch intuitiv fühlt, daß nicht alles nur Zufall ist und daß man mehr oder weniger verantwortlich für sich selbst ist. Es ist der Sinn für Verantwortung, der dem Leben einen Sinn gibt. Ein bedeutender Psychologe der Gegenwart, Viktor Frankl, unterstreicht das. Er hat in Wien den Lehrstuhl von Sigmund Freud inne. Frankl hat gesagt, daß zur Zeit seines berühmten Vorgängers Freud die sexuelle Verdrängung die Krankheit der Epoche gewesen sei. Seither hat sich die

Welt sehr verändert, und die Sexualität wird keineswegs mehr verdrängt. Man verdrängt jedoch etwas anderes, sagt Frankl: Man hat den Sinn verdrängt. Man tut so, als ob man sich keinerlei Gedanken über den Sinn des Daseins machte, während sich doch alle diese Frage stellen.

Camus hatte sich schon sehr mit dieser Frage nach dem Sinn beschäftigt, und er spricht davon in seinem ersten Buch *Der Mythos von Sisyphos.* Ist das Leben eine Sisyphosarbeit, eine fortwährende, ungeheure Anstrengung der ganzen Natur und aller Menschen, die zu nichts führt? Nur der Glaube kann die Vision eines Ziels geben, eines Sinns für das Leben, für alle Dinge, auch für die Krankheit, für die Invalidität und auch für den Tod.

In der Gruppe von Bossey haben wir einen deutschen Gelehrten, Professor Arthur Jores. Er war vor vielen Jahren zum Rektor der Universität Hamburg ernannt worden und behandelte in seiner Antrittsvorlesung das Problem vom Sinn der Krankheit. In der gelehrten Atmosphäre der Universität Hamburg wirkten seine Worte fast wie eine Bombe. Plötzlich verließ einer die Objektivität und stellte eine Gewissensfrage. „Je mehr ich nachdenke", sagte er, „um so mehr gibt es für mich nur einen möglichen Sinn: eine Absicht Gottes." Er spielte auf den biblischen Gedanken vom Sündenfall an, wo die Krankheit als ein Zeichen dafür angesehen wird, daß der Mensch aus der Ordnung Gottes gefallen ist.

Viktor Frankl sagt, das Problem des modernen Menschen komme daher, daß er weder wisse, wofür er lebe, noch ob alle seine Anstrengungen zu etwas führten oder nicht. Frankl spricht von einer existentiellen Leere. Der Existentialismus befaßt sich mit der Beziehung zum andern. Und gerade hier liegt die Krankheit unserer Epoche. Millionen von Menschen, hauptsächlich im Westen, wissen nicht mehr, wofür sie leben. Das genügt, um krank zu werden! So drücken viele Kranke ihre Verzweiflung aus. Ich lese gerade eine Arbeit des neben wir wohnenden Präsidenten der Gesellschaft Schweizerischer Psychoanalytiker über den Sinn der Verzweiflung. Wir leben in einer verzweifelten Welt, und das Problem der Verzweiflung ist an die Frage nach dem Sinn gebunden. Frankl hat sogar gesagt: „Man errötet nicht mehr wegen der Sexualität, aber man errötet wegen der Religion."

Die dritte Dimension der Medizin besteht also darin, daß wir unsern Patienten helfen, Personen zu werden, sich ihrer Verantwortung bewußt zu sein. In der rein technischen Medizin legen sie die Verantwortung für ihr Leben in die Hände des Arztes. In einer Medizin der dritten Dimension werden die Kranken wieder für sich selbst verantwortlich; denn alles bekommt von dem Augenblick an einen Sinn, wo wir uns zu fragen beginnen, was Gott uns durch die Krankheit sagen will.

Jetzt beantwortet Paul Tournier noch einige Fragen aus dem Publikum.

Man kann das Gesagte mit dem vergleichen, was André Frossard in seinem Buch „N'ayez pas peur – Dialog mit Johannes Paul II." (Laffont) über den Meinungsaustausch zwischen dem Papst und seinen Ärzten nach dem Attentat auf seine Person berichtet. Frossard zitiert Professor Crucitti, den Chirurgen, der den Papst operiert hat: „Der Papst versuchte uns davon zu überzeugen, daß in der Beziehung zwischen dem Patienten und dem Arzt, dieser nicht ein Orakel sein darf, das seine Entschlüsse von oben her aufdrängt. Diese müssen in gemeinsamer Übereinstimmung gefaßt werden. Denn wenn auf der einen Seite Wissen und Kenntnisse der Medizin vorhanden sind, so steht auf der andern Seite das, was die Person des Patienten weiß und von sich kennt." André Frossard hat vom Papst selbst die Bestätigung erhalten, daß er versucht habe, seinen Ärzten zu helfen, indem er ihnen erklärt hat, ‚daß der Patient, der im Begriff ist, seine Subjektivität zu verlieren, ständig darum kämpfen muß, sie wiederzugewinnen und wieder Herr seiner Krankheit zu werden.' Er darf nicht das Objekt der Behandlung sein. Dieses Problem der „Versachlichung" des Individuums findet sich überall in den gesellschaftlichen Beziehungen, und es ist nach Johannes Paul II. eines der ernstesten Probleme der modernen Welt.

Sie haben gesagt, daß in Afrika die Person als etwas Ganzes behandelt und der Patient nicht als Objekt betrachtet werde. In Afrika besteht jedoch ein starkes Zusammengehörigkeitsgefühl, welches wir nicht haben. Wie kann man diese dritte Dimension der Medizin in die westliche Industriegesellschaft einführen?

Das westliche Vorbild ist das Ergebnis einer einseitigen, rein objektiven und technischen Zivilisation, und das Übel dieser Zivilisation ist das Fehlen einer persönlichen Beziehung. Wir können aber dieser Gesellschaft den Sinn für persönliche Beziehungen nicht geben, wenn wir diese nicht schon mit unserer Frau und unseren Patienten gefunden haben. Unsere Gesellschaft hat ein großes Bedürfnis danach, den Sinn für Gemeinschaft wiederzufinden. Man sieht, wie überall kleine Gemeinschaften entstehen, die keine großen, administrativen Organisationen sind wie die Kirchen, sondern es sind kleine Gruppen von Personen, die in gegenseitiger persönlicher Beziehung stehen. Darauf gründet sich die charismatische Bewegung: Kleine Vereinigungen, vielleicht ein wenig hilflos; sie zeigen aber das Bedürfnis, besonders der Jungen, eine Gesellschaft mit Sinn für Gemeinschaft wiederzufinden, was in unserer technischen Zivilisation fehlt.

In der Vergangenheit hatten die meisten Leute etwas, das uns heute wie ein Luxus erscheint: die Möglichkeit, zu Hause zu sterben, umgeben von ihren Familienangehörigen. Heute werden sie, wenn der kritische Augenblick des Todes herannaht, rasch in ein Krankenhaus gebracht. Was denken Sie darüber?

Früher wurde man in der Familie geboren und starb in der Familie. Heute wird man in einer Welt der Dinge geboren und stirbt in einer Welt der Dinge, und das ist, wie ich denke, sehr bedauerlich. Es ist ein Zeichen dafür, daß man den Beziehungen keine Bedeutung mehr beimißt. Vor einigen Jahren habe ich meine Frau verloren. Wir waren in Athen, wo ich vor einer Gruppe von Amerikanern Vorträge zu halten hatte. Meine Frau bekam einen Herzinfarkt und mußte einen Monat auf der Intensivstation eines Krankenhauses verbringen. Das ist notwendige technische Medizin: Man kann eine so intensive Pflege zu Hause nicht machen. Glücklicherweise war meine Frau so weit gebessert, daß man ihr erlaubte, das Krankenhaus zu verlassen. Sie kam zu mir ins Hotel, und dort verbrachten wir die drei letzten Tage ihres Lebens, ohne uns je zu verlassen. Wir sprachen ein wenig, wir schwiegen viel, und wir beteten zusammen. Noch zehn Minuten bevor sie starb, hatten wir von ihrem Tod gesprochen.

Ich bin froh gewesen, daß sie das Krankenhaus verlassen hat, obgleich ich sie dort jeden Tag besuchte. Sie war bei mir, als sie starb, und sie wußte, daß sie sterben würde. Sie brachte ihre Angst vor dem Tod zum Ausdruck und auch ihre Hoffnung auf Auferstehung.

(Lange Stille). Sie sehen, man wagt es nicht mehr, mir Fragen zu stellen, weil ich ein wenig persönlich geworden bin. Es besteht ein gewisses Unbehagen, sobald man persönlich wird, wie Sie deutlich fühlen. Das stört den Gedankengang. Wir müssen in diese unpersönliche Zivilisation wieder eine persönliche Beziehung einführen, und das auch in Krankenhäusern, in den Sprechstunden der Ärzte, sowie zu Hause, in den Salons und in der Küche.

Das einzig Unvermeidliche im Leben ist der Tod. Aber viele von uns haben sehr große Schwierigkeiten, sich darüber auszusprechen.

Ich bin überzeugt, daß etwas Natürliches in den Schwierigkeiten und der Angst liegt, die die Menschen haben, dem Tod ins Auge zu sehen. In den Entwicklungsländern ist der Tod viel gegenwärtiger als bei uns. Die Verstorbenen sind ein Teil des Stammes wie die Lebenden. Alle möglichen Zeremonien und Feste verbinden den Stamm mit den Ahnen. Vom psychologischen Standpunkt aus sind das viel gesündere Verhältnisse als bei uns, wenn man den Tod als etwas Natürliches auffaßt. Unsere Zivilisation ist sehr stolz auf ihre technischen Erfolge, aber diese sind nicht imstande, den Tod aus der Welt zu schaffen. Daher verbirgt unsere Zivilisation den Tod. Der Arzt sagt, er wolle dem Patienten Erleichterung verschaffen. Balint fragt: „Wem will man Erleichterung verschaffen?" Ist es der Patient oder ist es der Arzt? Ja, man erleichtert mehr als nötig, um sich von seiner eigenen Angst zu befreien.

In unserer so stolzen Zivilisation ist der Tod wie eine Ohrfeige; denn unsere Zivilisation will die von Gott für unser menschliches Leben gesetzten Grenzen vergessen. Wie hoch wollen wir noch hinaus mit unseren technischen Fortschritten? Bis zum Mond und bis zu künstlichen Veränderungen der Erbanlagen? Sehen Sie, wir träumen von unserer Allmacht, die einer Herausforderung Gottes gleichkommt. Wir leben in dieser Herausforderung, und die Medizin ist an diese stolze, wissenschaftliche Zivilisation gebunden. Daher empfindet der Arzt ein riesengroßes Unbehagen, wenn er sich machtlos dem Tod gegenübersieht.

Haben die aus dem Protestantismus hervorgegangenen Kirchen nicht Unrecht, daß sie die Totenwache abgeschafft haben? Ich selbst bin der Ansicht, daß diese psychologisch und seelisch eine sehr wohltuende Rolle spielen kann. Ich habe in Südspanien an einer solchen teilgenommen. Die Nachbarn und die Vettern waren anwesend. Die nächsten Verwandten konnten Seite an Seite mit ihren Lieben zusammen trauern und die ganze Nacht in der Nähe des Toten zubringen. Im Gegensatz dazu hat zum Beispiel eine meiner guten Freundinnen von Genf mit 59 Jahren nie in ihrem Leben jemanden sterben gesehen. Sie hat mich angefleht, beim Tod ihres Mannes zu ihr zu kommen, um ihrem Mann die Augen zu schließen. Ich werde ihr diesen Dienst gern erweisen, aber ich finde es trotzdem etwas erstaunlich.

Haben Sie das Buch von Raymond Moody gelesen *Leben nach dem Tod?* Er hat Menschen befragt, die scheinbar tot gewesen waren und durch die medizinische Technik wieder zum Leben erwachten. Natürlich waren sie noch nicht im Jenseits, weil sie ja wiedergekommen sind. Aber sie hatten immerhin die ersten Schritte ins Jenseits getan. Was die unmittelbar auf den Tod folgenden Minuten anbelangt, stimmen alle Zeugnisse darin überein: Leute, die vom Arzt für tot gehalten worden waren, sagen aus, daß sie den Eindruck gehabt hätten, als schwebten sie an der Decke und sähen den Arzt und die Schwestern über ihre Leiche gebeugt. Sie hörten den Arzt sagen: „Er ist tot." Es gibt also eine Fortdauer des Bewußtseins über den klinischen Tod hinaus, bevor sich die Tür zum Jenseits öffnet.

Ich hatte Moody noch nicht gelesen, als meine Frau starb;

aber nachher bin ich mir bewußt geworden, daß sie meinen ersten Schritten nach ihrem Tod beigewohnt haben muß, wie ich einem Kollegen telephonierte, um ihm ihren Tod mitzuteilen. Nach den Zeugnissen von Moody mußte sie es gehört haben. Es gibt also eine Übergangszeit zwischen dem Leben und dem Jenseits. Wir können den Toten nicht weiter folgen, aber es gibt eine gewisse Frist zwischen dem Diesseits und dem Jenseits. Ich denke also, daß die Totenwachen etwas Heiliges sind. Auf alle Fälle möchte ich nicht im Krankenhaus sterben, sondern dann in der Familie sein und wissen, daß man weiß, daß ich um einen bewußten Tod weiß.

Es fällt mir schwer, die Idee zu akzeptieren, daß Gott der Krankheit einen Sinn gibt. Das Neue Testament enthält viele Berichte von Heilungen, und ich habe Mühe, die Krankheit zu verstehen, die mir manchmal absurd erscheint.

Der von Ihnen gebrauchte Ausdruck *absurd* stellt eine Sinnfrage. Die Menschen suchen nach einem Sinn, und sie stellen sich oft einen Sinn in Verbindung mit Gott vor. Gott wird so zu einem bösen, strengen Meister, der straft. Kürzlich war das französische Fernsehen bei mir in Troinex, und ich sprach über den Sinn der Krankheit. Da ich fürchtete, den Gedanken, Gott schicke eine Krankheit als Strafe, zu übermitteln, habe ich gesagt: „Wenn Gott es wäre, der die Krankheiten schickt, würde ich gegen Gott kämpfen, wenn ich die Kranken behandeln wollte." Ich habe betont, daß Gott immer für die Heilung ist, und daß wir mit ihm um die Heilung ringen. Aber die, welche ihrer Krankheit einen Sinn geben, werden am ehesten wieder gesund. Wenn die Krankheit keinen Sinn hat, bringt sie ein zusätzliches Leiden.

Bedingt die von Ihnen angeregte Haltung eine Änderung des Universitätsstudiums der Ärzte, oder kann sie nur individuell erworben werden?

Ich denke, daß diese im eigentlichen Sinn persönliche Haltung nicht gelehrt werden kann. Man hat mir mehrere Male eine Universitätsprofessur angeboten, sei es in Amerika oder in Europa, aber ich habe sie immer abgelehnt; denn die persönliche

Beziehung wird von Mensch zu Mensch hergestellt und kann nicht gelehrt werden. Auf jeden Fall, wenn jemand das tun könnte, so sicher nicht ich. Gegenwärtig beginnt man, die Medizinstudenten in Psychologie zu unterrichten, und dazu ist es höchste Zeit. Aber die Medizin der Person kann man nicht lehren. Hingegen kann ein Professor der Medizin Sinn für das Menschliche haben. Was mich betrifft, hatte ich einen Lehrer mit tiefem menschlichem Verständnis, der uns dies am Krankenbett vermittelte. Wie Sie sehen, ist es nicht ein Unterrichten, sondern ein Mitteilen.

Denken Sie, daß ein Christ, der in einem konfessionell neutralen Krankenhaus arbeitet, diese Haltung zum Ausdruck bringen kann, ohne von Gott zu sprechen?

Das ist etwas, das jedem selbst überlassen bleibt. Jeder muß sich fragen, was Gott von ihm erwartet, und es ist nicht an mir, es zu sagen. Man muß Gott bitten, uns zu sagen, wann wir sprechen sollen und wann schweigen. Es geschieht oft, daß wir sprechen, wenn wir schweigen sollten und schweigen, wenn wir sprechen sollten. Unglücklicherweise halten wir uns oft für verpflichtet zu sprechen.

Wie sehen Sie den Beitrag der Kirchengemeinde, was dieses Vorbild persönlicher Beziehungen betrifft, und zwar nicht nur in der Perspektive der Person als Ganzes, sondern auch in der Perspektive auf die Gemeinschaft mit Gott und die Gemeinschaft im allgemeinen?

Ich will keine Verallgemeinerungen machen; denn das hängt sehr von den Kirchen ab. Ich bin Mitglied von mehreren, verschiedenen Kirchengemeinden gewesen, und am wohlsten habe ich mich jeweils in einer Gemeinde gefühlt, in der zwischen den Leitern sehr persönliche Beziehungen bestanden. Es handelt sich nicht um Leute, die man in Komitees zusammengeführt hatte, damit sie eine bestimmte Funktion erfüllen sollten, sondern sie hatten eine persönliche Beziehung zueinander. Daher denke ich, daß eine sehr persönliche Beziehung zwischen den Pfarrern und den Mitgliedern des Kirchenrates sehr wichtig ist für die Atmosphäre in der Kirche. Unglücklicherweise jedoch verbirgt man sich gerade in den Kirchen manchmal hinter einer Fassade.

Ich habe Kirchenleute genug behandelt, um zu wissen, wieviel Verdrängung, Vorurteile, Streitsucht in kirchlichen Kreisen bestehen; denn gegen außen will man ein freundliches Gesicht machen, und hintenherum kritisiert man alles mögliche. Es gab Leute, die mir gesagt haben, daß sie in Tränen ausgebrochen seien beim Hinausgehen von einer Sitzung des Kirchenrates, weil man dort die Konflikte totschwieg, um sich den Anschein zu geben, als sei man voller gegenseitiger Liebe. Diese Aggressivität, die sich nicht äußern kann – wie das in der Welt geschieht –, wird ein wenig zu einer Angst. Ich selbst weiß, daß ich zu sehr Angst vor Konflikten habe: Ich versuche, alles zu arrangieren, und das verdirbt die Sache meistens noch mehr. Ich bin mir bewußt, daß Jesus den heiligen Zorn gekannt hat. Mein Sohn hat mir vor einigen Tagen gesagt: „Ich habe dir nie die Stirn bieten können, weil du nie zornig wirst." Ich war sehr stolz darauf gewesen, nie zornig zu werden, und ich entdecke nun, daß es nicht gut war.

Gespräch, organisiert durch die christliche medizinische Kommission des Ökumenischen Rates der Kirchen, Juni 1978.

Die Gesellschaft heilen

Als ich an den Gesprächen von Taloires am See von Annecy teilnahm, stellte mich eines Tages Frau Mac Jannet einem auf der Durchreise befindlichen Amerikaner mit den Worten vor: „Hier ist Dr. Tournier, der eben im Begriff ist, ein Buch über die Sendung der Frau zu schreiben.“ Er hob seinen Kopf, schaute mir in die Augen und sagte, indem er jedes Wort betonte: „Sie haben Mut.“ Ja, ich habe ein wenig gezögert, diese Arbeit zu unternehmen, um so mehr, da es Frauen gibt, die sich ärgern, wenn ein Mann sich anmaßt, von der Sendung der Frau zu sprechen. Sie wollen diese ganz allein finden, und darüber bin ich natürlich sehr froh.

Für mich handelt es sich nicht so sehr um die Frau als um unsere gegenwärtige Welt. Es ist ja für jedermann offensichtlich, für Soziologen, Psychologen und Politiker, daß die westliche Zivilisation kränkelt. In unserer modernen Welt besteht ein enormer Gegensatz zwischen der technischen Entwicklung, die es ermöglicht hat bis zum Mond zu fliegen und sogar noch weiter, und der Armseligkeit der persönlichen Beziehungen zwischen den Menschen. Ich habe, wie ich glaube, in der Zeitschrift *Match* einen sehr hübschen Artikel von einem Soziologen gelesen, der in Afrika eine Umfrage gemacht hat. Sie wissen, wie man in Afrika empfangen wird, man wird in die Behausungen der Eingeborenen hineingeführt, man gehört mit zur Familie und wird fast verwöhnt. Unser Soziologe kehrte nach Paris zurück. Am Flughafen Charles de Gaulle nahm er den Bus und sah alle diese Leute, die nebeneinander saßen, ohne ein Wort zu sagen, ohne einen Blick auf ihre Umgebung zu werfen, höchstens einen kritischen oder stummen. Einige waren in einen Kriminalroman vertieft, um sich die Zeit zu vertreiben. Und unser Soziologe sagte sich: „Aber wir sind es, die unterentwickelt sind.“

Ja, wir sind überentwickelt, was die Mechanik betrifft, und unterentwickelt, was die menschliche Realität anbelangt. Jedermann ist sich dessen bewußt. Nun, wer interessiert sich für die Mechanik? Die Männer! Und wer interessiert sich für die Lebensqualität? Die Frauen! Unsere Zivilisation hat sich gegen den männlichen Pol verschoben. Sie ist allen männlichen Werten zugeordnet, dem Besitz, der Macht, der Aggressivität, der wissenschaftlichen Objektivität, während die subjektiven Werte, das heißt jene, welche das Herz, die Beziehung zum Nächsten betreffen, von einer erschreckenden Armut sind. Die irrationalen Werte, welche zur Religion, zum Glauben und zu allen Geheimnissen der menschlichen Natur gehören, werden nicht befriedigt in dieser mechanischen Wüste. Man sieht es schon bei den Kindern. Einem Knaben gibt man keine Puppe, sondern ein kleines Auto, und sogleich nimmt er es auseinander, um zu sehen, wie es funktioniert. Den Mann interessiert in erster Linie, wie etwas in Gang gesetzt wird. Lesen Sie die technischen Zeitschriften, sie erklären immer, wie etwas funktioniert. Und um das zu verstehen, zerlegt man und zerschneidet in Stücke. Im CERN (dem Europäischen Zentrum für Nuklearforschung) zerteilen die gelehrten Physiker von Genf noch die kleinsten Partikelchen, um zu sehen, was sie enthalten. Der Mensch zerschneidet immer, ohne sich bewußt zu sein, daß es keine Gemeinschaft mehr gibt, wenn nur noch kleine Teilchen vorhanden sind. Es ist die Frau, die Sinn für Gemeinschaft hat. Sie bildet die Familie, die Gesellschaft, sie fördert die menschliche Beziehung.

C. G. Jung aus Zürich hat erklärt, daß beide, Mann und Frau, technische Fähigkeiten und ein Gemütsleben besitzen. Der Mann hat in seinem Innersten, was Jung die *anima* nennt, das heißt die weibliche Seite der menschlichen Seele, aber er verdrängt sein Gefühlsleben und entwickelt seine mechanischen Begabungen. Die Frau hingegen verdrängt mit Leichtigkeit ihre rationalen, objektiven Fähigkeiten und läßt ihr Gefühl sprechen. Aber in ihrem Innersten hat sie auch einen *animus,* der ihr männliche Fähigkeiten verleiht. Heute, da die Frau emanzipiert ist und sich auf allen, bis jetzt vom Mann beanspruchten Gebieten betätigt, beweist sie, daß sie alles auch zu tun fähig ist, was der Mann tut und glaubte, allein tun zu können.

Wir haben in diesen letzten Jahrzehnten erlebt, wie die Frauen ihren *animus* entdeckt haben, die Männer hingegen haben ihre *anima* nicht hervorgeholt. Sie bleiben, was das Gefühlsleben betrifft, gehandicapt; sie haben große objektive, wissenschaftliche, rationale Fähigkeiten, aber sie sind gehemmt, wenn sie ein Gefühl ausdrücken, persönlich werden sollen. Die befreite, fortschrittliche, dem Mann gleichgestellte Frau kann die Rolle des Mannes übernehmen, aber der Mann kann nicht die Rolle der Frau übernehmen. Oder vielmehr, er weiß nicht wie; denn er hat Angst vor der Emotion. Er wurde schon als ganz klein davor gewarnt. Wenn er sich beim Umfallen weh getan hat, sagte man zu ihm: „Weine nicht! Knaben weinen nicht, nur Mädchen tun das." Die Mädchen haben das Recht, ihre Gefühle auszudrükken, nicht aber die Knaben. Diese müssen sich beherrschen, sie müssen objektiv sein. Die Mütter erziehen ihre Söhne so. Die Erziehung trägt dazu bei, den Mann zur Verdrängung seiner Gefühle zu führen, während die Frau sie ausdrücken darf.

Vor nicht sehr langer Zeit fuhr ich nach München, um vor Amerikanern zu sprechen. Ein sehr bekannter amerikanischer Schriftsteller, mit dem ich befreundet bin, hat mich eingeführt, indem er sagte, was man immer in solchen Fällen zu sagen pflegt: „Ich brauche Ihnen Dr. Tournier nicht besonders vorzustellen; Sie wissen alle, wer er ist und was er uns mit seiner Auffassung von der Person gegeben hat." Ich begann zu lachen. Ein wenig geniert fragte er: „Ist das nicht richtig?" Ich antwortete: „Es ist nicht die Auffassung von der Person, die mich interessiert, es ist die Person selbst." Der Mann spricht sofort von Konzept. Um mich vorzustellen, mich, der ich danach trachte, der Überbringer einer Botschaft über die Person zu sein, mir hängt man den Ruf an, ein Konzept zu haben. Die Person hat zwei Augen, einen Mund ... Man muß den Sinn für das Menschliche wiederfinden, und die Abstraktionen, das heißt die Ideen und Konzepte weglassen, und dazu ist es nötig, daß der Mann seinen Widerstand überwindet und seine Maske ablegt, er muß sich zu erkennen geben, sich zeigen, wie er ist und sich persönlich vorstellen.

Die Männer sind in der Familie nicht gesprächig. Das hat die Psychologen immer erstaunt. Die Frauen sprechen viel mehr als die Männer. Es gab Frauen, die mir gesagt haben: „Um meinen Mann besser kennenzulernen, lade ich Freunde ein; dann erzählt er Dinge, von denen ich absolut nichts wußte." Der Mann gibt sich nicht Rechenschaft darüber, daß er seiner Frau gegenüber verschwiegen ist. Ich erinnere mich an einen rechtschaffenen Mann, der beim Eintreten in mein Sprechzimmer sogleich sagte: „Herr Doktor, ich komme nicht wegen eines ehelichen Konfliktes. Sie werden viele davon zu sehen bekommen. Ich habe Glück, zwischen meiner Frau und mir ist alles in Ordnung."

„Um so besser! Sie sind eine Ausnahme."

„Wir haben uns nämlich, als wir heirateten, versprochen, uns immer alles zu sagen. Und wir haben Wort gehalten. Wir sagen uns alles."

„Oh, ich beglückwünsche Sie."

Wir unterhielten uns während einer Stunde. Er gestand mir seine sehr ernsten Probleme, die sein Berufsleben und auch sein geistig-religiöses Leben betrafen. Unter der Tür sagte ich beim Hinausbegleiten noch zu ihm: „Was sagt Ihre Frau zu all dem?"

„Meine Frau? Sie weiß nichts davon. Von solchen Dingen spreche ich nicht mit ihr."

Er ist aufrichtig gewesen, vollkommen aufrichtig, als er erklärte: „Wir sagen uns alles." Er war sich dessen nicht bewußt, daß er von den wirklich persönlichen Dingen nicht mehr sprach.

Was den Männern die Zunge löst, das ist das sexuelle Verlangen. Wenn sie verlobt sind, sprechen sie, und das junge Mädchen ist verblüfft über diesen jungen Mann, der ihr so viele begeisternde Dinge erzählt, von den Streichen aus seiner Gymnasialzeit, von den Kameraden. Das alles ist sehr persönlich und wunderbar. Man versteht sich ausgezeichnet! Dann heiraten sie, und wenn der Mann einmal hat, was er begehrte, das heißt, die Befriedigung, eine Frau zu besitzen, dann sagt er nichts mehr, oder es ist wenigstens nicht mehr wie früher. Dann kann es leider geschehen, daß er manchmal mit einer jungen Sekretärin, für die er eine gewisse Zuneigung hat, seine Sprache wiederfindet. Er hat das Gefühl, daß die Sekretärin ihn besser verstehe als seine Frau, und er beginnt ihr ganz persönliche Dinge zu erzählen, die er vor seiner Frau verbirgt. Sie sehen, wie gefährlich das ist; denn der Mann findet nur durch das sexuelle Verlangen seine emotionelle Sprache wieder. Die Ehegatten sollten folglich den Dialog aufrechterhalten können. Der Mann hat Sinn für das Objektive und die Frau für das Subjektive. Die Welt ist in der Vorstellung des Mannes eine sehr vollkommene Welt der Dinge und der Maschinen – das interessiert die Männer; sie ist aber sehr arm an Menschen, die sich für einander einsetzen.

Wer hat Sinn für die Person? Es ist die Frau, und ich bin mir dessen eines Tages dank eines kleinen ehelichen Zwischenfalls bewußt geworden. Ich verdanke meiner Frau alles, was ich über die Frau sagen kann; denn ich war noch schweigsamer als andere Männer. Unser Gesprächsthema war die Scheidung, und ich entwickelte große Theorien darüber, als meine Frau plötzlich sagte: „Von wem sprichst du eigentlich?“ – „Ich spreche von niemandem. Ich spreche vom Problem der Ehescheidung.“

Da habe ich verstanden, daß das, was die Frauen interessiert, nicht das Problem der Ehescheidung ist, sondern die Scheidung von Mathilde, von Germaine oder Franziska. Das ist wie eine Offenbarung für mich gewesen. Ich habe mir gesagt: „Ich spreche nun seit dreißig oder vierzig Jahren überall von der Person, und es fehlt mir selbst noch der Sinn für die Person.“ Die Welt existiert natürlich auch, und es ist meine Aufgabe als Mann, die Probleme der Zivilisation zu studieren. Aber wie allen Männern fehlt es mir an Sinn für die Person.

Der Mann ist immer ein wenig wie ein Professor, der unterrichtet, der erklärt, der Konzepte hat, und die Frau hört ihm mit offenem Munde zu: „Oh, wie interessant! Das ist großartig.“ Der Mann jedoch denkt nicht im geringsten daran, daß auch er etwas zu lernen hätte, daß ihm etwas fehlt. Der Philosoph Martin Buber, der ziemlich lange in Zürich gewesen ist, hat aufgezeigt, daß es zweierlei Beziehungen der menschlichen Person zu der sie umgebenden Welt gibt: Eine objektive Beziehung, wobei der Beobachter neutral bleibt; er ist unpersönlich, er engagiert sich nicht, er beobachtet, ohne gesehen zu werden. Das ist die wissenschaftliche Haltung. Oder dann hat er eine Beziehung, bei der er sich engagiert. Buber nahm als Beispiel einen Baum.

Man könnte denken, daß wissenschaftlich, botanisch, chemisch betrachtet ein Baum nur ein Objekt, ein Ding sei, aber man kann zu ihm sprechen. Zu einem Baum sprechen, heißt, die Verbindung zur Natur wiederentdecken. Bei einer Ärztetagung hat eine Zürcher Psychoanalytikerin von ihrer Kindheit berichtet, einer harten und sehr einsamen Kindheit, aber sie hatte einen bestimmten Baum, dem sie jeden Abend ihre kleinen Erlebnisse erzählte, und der Baum antwortete: „Ich verstehe dich." Niemand versteht uns besser als die Natur.

Es gibt zwei mögliche Beziehungen, die nicht in Gegensatz zueinander stehen; denn sie ergänzen sich, außer in unserer gegenwärtigen Zivilisation, in der eine Zunahme der objektiven Beziehungen besteht. Von der Wiege an erhalten wir Unterricht in Dingen und nicht in etwas Persönlichem. Man lehrt uns die Welt als große Maschine sehen, die sich immerwährend dreht, zusammen mit den Sternen und den Elektronen; die Hühner legen Eier und aus den Eiern entstehen wieder Hühner. Alles dreht sich wie ein Karussell, ohne irgendwohin zu gelangen und ohne Sinn. Diese wissenschaftliche Sicht der Welt wird uns von der Kindheit an bis zum Doktor der Philosophie beigebracht. Die Philosophen bemühen sich vergeblich, uns zu sagen, wir sollten persönlich sein. Sie haben keinen Erfolg, und auch hier bleiben sie in den Konzepten stecken.

Meine Schwiegertochter ist Malerin, und ich liebe ihre Bilder sehr. Sie ist Mitglied der Gesellschaft der Malerinnen. Weshalb wurde eine solche Gesellschaft gegründet? Um sich gegen die Macht der Männer zu verteidigen; denn jedermann ist der Ansicht, ein Bild, gemalt von einer Frau, sei weniger ernst zu nehmen als ein solches von einem Mann; ein von einer Frau verfaßtes Buch sei weniger bedeutend als das eines Mannes, eine Philosophie von einer Frau weniger wichtig als die Philosophie eines Mannes. Folglich gibt es eine Gesellschaft der Malerinnen, und meine Schwiegertochter sagte zu mir: „Wir organisieren zu einem bestimmten Zeitpunkt eine Ausstellung im Musée Rath, und eines meiner Bilder, ein Selbstprotrait, ist dafür ausgewählt worden."

„Ich werde natürlich hingehen und es mir ansehen. Aber es ist ja noch Zeit. Ich werde dich noch einmal anfragen."

Die Zeit verging, und eines Tages fragte ich meine Schwiegertochter: „Wann ist nun diese Ausstellung?"

„Aber sie ist längstens vorbei!" Und dann fügte sie noch den Satz hinzu: „Wenn dein Sohn ausgestellt hätte und nicht ich, hättest du es wahrscheinlich nicht vergessen."

Das hat mich getroffen. Ich glaube nicht, daß die Bemerkung eine Anspielung auf die Blutsverwandtschaft mit meinem Sohn gewesen ist. Aber meine Schwiegertochter weiß wie alle Frauen, daß sie weniger ernst genommen wird als ein Mann. Wenn ein Mann uns einen Brief zum Einwerfen in den Briefkasten anvertraut, vergessen wir es nicht. Aber wenn es unsere Frau wäre ...

Die Frau wird weniger ernst genommen. Was heißt das? Das heißt, daß eine gewisse Verachtung besteht. Der Ausdruck ist ein wenig hart. Man müßte vielleicht Geringschätzung sagen. Aber ich wende das Wort *Verachtung* an. Selbst ich, der ich dafür eintrete, daß die Männer persönlicher werden, habe die Ausstellung meiner Schwiegertochter vergessen. Eine gewisse bewußte Verachtung ist bei vielen Männern klar ersichtlich; sie verachten die Frauen, während sie sie gleichzeitig anlocken. Es gibt aber auch eine unbewußte Verachtung; das sieht man daran, daß ein Mann seine Frau einen ganzen Abend lang sprechen läßt, ohne ein Sterbenswörtchen zu sagen, während er beim Zusammensein mit einem Freund auf jeden Satz antworten würde.

Vor zwei Wochen wohnte ich den Internationalen Begegnungen von Genf bei. Sie finden alle zwei Jahre statt, in Gegenwart von Philosophen und Teilnehmern aus allen möglichen Disziplinen. Das Thema war: „Die Forderung nach Gleichheit" (L'exigence d'égalité). Man verlangt die Gleichheit, man hat darüber abgestimmt, aber die moralische Gleichheit existiert nicht. Dann hat man während acht Tagen mit diesen berühmten Philosophen über die Gleichheit diskutiert, um zu dem Schluß zu kommen, daß sie unmöglich ist. Ein Professor der Sorbonne erklärte uns, daß die Devise von Frankreich „Freiheit, Gleichheit ..." nicht durchführbar sei; denn, wenn Freiheit besteht, gibt es keine Gleichheit, und wenn Gleichheit besteht, gibt es keine Freiheit. Es war ein *ja, aber.* Man müßte Gleichheit haben, aber, wenn man sie hätte, wäre es eine Katastrophe. Denn, wenn wir alle gleich wären, wäre das Leben entsetzlich monoton. Ich sagte mir

– und ich habe es übrigens auch erwähnt –, das wahre Problem ist die Verachtung. „Verachten Sie mich nicht, nehmen Sie mich ernst." Das liegt allen Forderungen zugrunde. Nehmen Sie mich ernst, auch wenn ich nicht studiert habe, auch wenn ich nur ein Arbeiter bin, auch wenn ich ein Schwarzer bin, auch wenn ich Untertan einer Kolonialmacht bin, auch wenn ich eine Frau bin, auch wenn ich ein alter Rentner bin, auch wenn ich ein kleines Kind bin. Man fordert nicht Gleichheit, sondern Würde. Man möchte ernst genommen werden, als gültiger Gesprächspartner anerkannt sein, nicht nur in einer Diskussion, sondern auch in einem Dialog.

Wie jedermann habe ich geglaubt, daß die Verachtung der Frau von seiten des Mannes immer existiert habe und daß zum Beispiel die Lage der Frau im Mittelalter schlimmer gewesen sei als in unseren Tagen. „In unserem gegenwärtigen Kampf", sagen die Feministinnen, „müssen wir etwas gegen die mittelalterliche Lage der Frau tun." Nun, es ist ganz und gar nicht wahr, daß die Frau im Mittelalter mehr unterdrückt worden wäre als heute. Ich habe mich in meinem Buch *Rückkehr zum Weiblichen* auf die Aussagen der französischen Historikerin Régine Pernoud gestützt; sie beweist, daß die Lage der Frau im Mittelalter viel besser gewesen ist, als sie es zur Zeit meiner Kindheit war. Ich werde Ihnen keinen Vortrag darüber halten, das wäre zu männlich, aber ich empfehle Ihnen, das Buch von Régine Pernoud zu lesen *La Femme au temps des cathédrales* (Stock). Sie erfahren dann, daß Clothilde, die erste Königin von Frankreich, eine Genferin gewesen ist, die Nichte des Königs Gondebaud.

Im Mittelalter hatten Mann und Frau die gleichen Rechte. Sie besaßen das Stimmrecht, stimmten offengestanden ziemlich selten und nur auf Gemeindeebene, aber die Frauen konnten stimmen wie die Männer. Es gibt sogar eine Frau, die deshalb berühmt geworden ist, weil sie *nein* gestimmt hat, während alle andern *ja* stimmten. Die Frauen waren ebenso gebildet wie die Männer. Die wenigen Gebildeten der Bevölkerung befanden sich in den Klöstern. Frauenklöster waren noch zahlreicher als Männerklöster, und die Nonnen waren so gebildet wie die Mönche. Sie konnten griechisch und hebräisch, sie waren Dichterinnen, Schriftstellerinnen und Politikerinnen. Eleonore von

Aquitanien, die Königin von England geworden ist, hat eine politische Macht ausgeübt wie niemand heutzutage. Man verwirklichte die Gleichheit. Es gab sogar ein Kloster, das Kloster Fontevrault, das eine Abteilung für Männer und eine für Frauen besaß, und unter der Leitung nicht eines Mannes, sondern einer Äbtissin stand, die dieses Amt im Alter von 25 Jahren übernommen hatte. Diese Klöster waren das Zentrum einer Art von „Chassé-croisé". Könige und Königinnen suchten nach Beendigung ihrer Herrschaft in ihnen Zuflucht, und andere verließen das Kloster, um auf den Thron zu steigen. Man baute eine Zivilisation auf, die sich auf einen Wertmaßstab gründete. Die Werte von heute sind Macht, Wissenschaft und materieller Gewinn. Im 19. Jahrhundert stellte man sich noch vor, daß das große Zeitalter der wissenschaftlichen Entdeckungen endlich den Frieden und die Kenntnis aller Dinge bringen würde. Im 20. Jahrhundert ist man wieder ganz davon abgekommen! Es hat vielmehr zur Atombombe geführt.

Die Zivilisation hat ihren Sinn verloren. Indem sie Gott verloren hat, hat sie sogar den Sinn des Lebens verloren. Man muß also wieder einen Wertmaßstab finden, auch in der Kirche, die oft noch rückständiger ist als die Welt. Die Theologie ist abstrakt geworden. Um Pfarrer zu werden, braucht man nicht die Gabe der Beziehung zum Nächsten zu besitzen; man muß ein Examen absolviert haben, das heißt, man muß wissenschaftlich arbeiten, die Bibel auslegen können. Die persönliche Beziehung, die findet man in den kleinen Gemeinschaften, nicht aber in den großen Kirchengemeinden. An einem Ostersonntag war ich einmal in meiner Kirche von St. Gervais in Genf. Nach der Predigt kommt es immer zu einem unruhigen Hin und Her, während die Leute, die nicht am Heiligen Abendmahl teilnehmen wollen, hinausgehen. Dabei dachte ich mir plötzlich: „Zu meiner Rechten sitzt meine Frau, die ich einigermaßen kenne; zu meiner Linken sitzt ein Unbekannter. Ich könnte mich ihm jetzt vorstellen." Wenn Sie wüßten, wie stark mein Herz klopfte. Soll ich es wagen? Ich machte eine Art Krise durch; der Schweiß rann mir herunter, und dann habe ich mich überwunden und mich zu dem Mann geneigt, indem ich sagte: „Ich bin Dr. Tournier." Mein Nachbar war ein Waadtländer Bauer. Wir nahmen miteinander das Heilige Abendmahl, und beim Hinausgehen kam er auf dem Vorplatz der Kirche auf mich zu, drückte mir die Hand und sagte: „Es ist schön, diese Sitte, die Sie in Genf haben, daß man sich gegenseitig vorstellt."

Ein anderes Buch, auf das ich mich gestützt habe, ist von Françoise Dolto, die sehr bekannt ist durch ihre Plaudereien am Radio. Ich bin ihr nie persönlich begegnet, aber ich kannte ihren Mann sehr gut, der auch Arzt gewesen ist und mir einmal zwölf Krawatten schenkte, um mir anzudeuten, daß ich ein wenig eleganter sein sollte. Françoise Dolto hat dieses wunderbare Buch über das Evangelium aus der Sicht einer Psychoanalytikerin geschrieben. Sie versteht Jesus anders als wir, weil sie eine Frau ist. Als ich es las, habe ich bedauert, daß die Theologie fast nur von Männern gemacht wurde. Françoise Dolto zeigt, daß Jesus den Frauen zuhörte, nicht nur wie ein Gatte, der sagt: „Sprich nur, das tut dir gut", sondern weil er etwas erwartete. Auf der Hochzeit zu Kana ist es seine Mutter, von der er erwartet, daß sie ihn aufkläre, ob die Stunde für ihn gekommen sei, sein Amt auszuüben. Und schließlich ist es Maria von Bethanien, die ihm ankündigt, daß der Augenblick gekommen sei, um nach Jerusalem hinaufzugehen und das Kreuz auf sich zu nehmen.

Unsere Zivilisation ist krank, weil die weiblichen Werte verdrängt worden sind, und es sind die Männer, die darunter leiden, selbst wenn sie sich darüber nicht Rechenschaft geben. Daher liegt es mir daran, den Frauen zu sagen: Seid weiblich! Trachtet nicht nur danach, es den Männern gleich zu tun. Bringt der Welt etwas, das die Männer nicht zu bringen imstande sind.

Auszug aus einem Vortrag zum Thema „Die Sendung der Frau".

Das Rätsel des Leidens

Ich habe sofort eingewilligt, zu einem Vortrag zu Ihnen nach Montreux zu kommen; denn man hat mir gesagt, daß ich zu der hier versammelten protestantischen und katholischen Gemeinde sprechen würde, und das ist mir äußerst sympathisch. Es ist wichtig, daß die Christen zusammenkommen, um gemeinsam sie beschäftigende Themen zu behandeln. Und wenn eines davon zur Zusammenarbeit geeignet ist, so gerade das Leiden; denn das Leiden ist dasselbe für Protestanten, für Katholiken und für alle anderen.

Vor einigen Monaten haben wir in Troinex, unserm kleinen Dorf in der ländlichen Umgebung von Genf, nahe der französischen Grenze, ähnliche Schritte unternommen, nur daß es in Troinex drei Kirchen gibt: eine protestantische, eine katholische und eine armenisch-orthodoxe. Wir organisierten mit diesen drei Gemeinden eine christliche Versammlung, und die Sprecherin war Suzanne Fouché, eine sehr bekannte französische Katholikin. Suzanne Fouché ist geeigneter als ich, um über das Leiden zu sprechen; denn sie hat mehr gelitten als ich. Ich habe viele Leiden mit angesehen und persönlich auch manchmal gelitten, aber die, welche am meisten gelitten haben, sollten das Wort ergreifen.

Suzanne Fouché hat ein Buch geschrieben, betitelt *Souffrance, école de vie,* in welchem sie ihr eigenes Leben erzählt. Sie hatte beabsichtigt, Ärztin zu werden, aber im Alter von 16 oder 17 Jahren erkrankte sie an einer Tuberkulose der Wirbelsäule. Sie verbrachte zwanzig Jahre im Bett, flach und bewegungslos liegend, einsam. Sie hatte ihre Studien aufgeben müssen. Können Sie sich solch ein zerbrochenes Leben vorstellen? Aber weit davon entfernt, zerbrochen und unfruchtbar zu sein, war es ein äußerst fruchtbares Leben. Im Sanatorium Berck-sur-Mer erkannte Suzanne Fouché, wie schädlich die Untätigkeit für die Patienten ist. Es kam ihr der Gedanke, die Kranken aufzufordern, eine aktivere Haltung einzunehmen. Sie gab ihnen die Parole: „Tue dein Möglichstes!" Das wurde zum Ausgangspunkt der Liga von Suzanne Fouché, die sich derartig entwickelt hat, daß diese Frau nun an der Spitze von mehr als dreißig Häusern in ganz Frankreich steht, in denen man Gebrechliche und körperlich Behinderte wieder an die Arbeit anpaßt. Ihr Prinzip ist es, daß man jemand, der durch ein Gebrechen behindert ist, sozial aufwertet. Indem man ihm eine zusätzliche Bildung angedeihen läßt, wird er in seinem Beruf höher gestellt, als Kompensation für die durch sein Gebrechen hervorgerufene Minderwertigkeit.

Ich hatte sie gebeten, uns in Troinex den Zusammenhang zu erklären, der zwischen ihrem Werk und ihrem Innenleben besteht sowie zwischen ihrem Werk und der Hingabe ihres Lebens an Jesus Christus. Im Laufe einer langen Krise der Auflehnung gegen ihren Zustand und gegen die Tatsache, in ihrem Leben und in der von ihr beabsichtigten Laufbahn gehemmt worden zu sein, hat sie die Erfahrung des Annehmens gemacht, und ihre Karriere ist ihr gewissermaßen wiedergegeben worden. Sie ist sogar viel mehr als nur Ärztin geworden. Kürzlich habe ich in Paris zu einigen ihrer Mitarbeiter gesprochen, es waren 20–25 Ärzte, die unter ihrer Anleitung stehen. Es gibt noch viele andere in ganz Frankreich.

Ich bin Suzanne Fouché vor vielen Jahren an einem katholischen Ärztekongress begegnet, den Professor Delord aus Lyon im Jesuitenkloster von Annecy organisiert hatte. Man hatte mir gesagt: „Wissen Sie, daß Suzanne Fouché hier ist?" Darauf suchte ich sie. Nachher sagte ich zu ihr: „Man hat mir gesagt ... und ich bin sehr froh, Sie zu sehen." Sie antwortete mir: „Man hat mir gesagt ... Paul Tournier sei hier, und ich bin gekommen, Sie zu hören." Wir haben beide sehr gelacht, und seitdem sind wir Freunde. Sie hat an den Ärztetagungen teilgenommen, die ich seit 25 Jahren organisiere. Und ich will die Gelegenheit benützen, etwas darüber zu sagen.

Kurz nach dem Krieg hatten meine Frau und ich Gelegenheit,

nach Deutschland zu gehen. Außer den Militärs waren wir fast die ersten Ausländer, die in dieses Land kamen, wo man nichts als Ruinen antraf. Man stelle sich die Lage im Jahr 1946 vor: Man wußte, daß Ärzte unter der dämonischen Macht des Dritten Reichs soweit gekommen waren, Werkzeuge des Todes statt des Lebens zu werden. Wir kamen mit einigen der größten deutschen Wissenschaftler zusammen, die darüber nachdachten, was geschehen war, und die sich bewußt waren, daß die Medizin, indem sie eine rein technische Angelegenheit wurde, ihren tieferen Sinn verloren hatte. Sie war der politischen Gewalt gegenüber ohnmächtig geworden, und diese hatte die Ärzte zu Praktiken verleiten können, die sich mit ihrem Gewissen nicht vereinbaren ließen. Und was für die Medizin galt, galt auch für andere Disziplinen, wie beispielsweise für die Rechtswissenschaft. Die staatliche Macht hatte sich dieser Disziplinen bemächtigt, weil sie keine feste geistige Grundlage mehr hatten.

In ihren Anfängen war die Medizin fast wie ein Priesteramt gewesen. Sie war an die Religion gebunden, und dann ist sie mit der modernen wissenschaftlichen Entwicklung eine neutrale Sache geworden. Die Ärzte sind soweit gekommen, sich zu sagen: „Im Grunde geht uns die religiöse Frage nichts an. Wir tun unsere Pflicht. Es gibt keine andere Ethik als die wissenschaftliche Ehrlichkeit." Nach der Krise des Nationalsozialismus gab man sich Rechenschaft, daß eine solche Neutralität etwas äußerst Gefährliches ist, und daß die Medizin dem politischen Machtdruck oder dem sozialen Druck ausgeliefert sein kann.

Die Idee der deutschen lutherischen Kirche, die diese Tagungen organisiert hatte, war es, die Leute nach ihren Berufen geordnet vorzunehmen, um ihnen zu helfen, ihren Beruf im Lichte des Evangeliums zu überdenken; dadurch sollte wieder eine zuverlässige Geisteshaltung hergestellt werden. Das brachte uns auf den Gedanken, Begegnungen gleicher Art auf internationaler Ebene zu organisieren, die den verschiedenen Spezialfächern der Medizin und allen Kirchen und Konfessionen offenstehen sollten. Im Jahre 1947, noch vor dem Zweiten Vatikanischen Konzil und vor der Gründung des Ökumenischen Rates der Kirchen in Amsterdam und auch noch bevor die Orthodoxen sich der Ökumene angeschlossen hatten, war das etwas ganz Neues.

Das Ziel war, zu den Ursprüngen der Medizin zurückzufinden. Die Medizin beschäftigt sich mit dem Menschen. Nun aber sieht die Wissenschaft nur Teile vom Menschen; sie ist im wesentlichen analytisch, das heißt, sie teilt und unterteilt bis ins kleinste Detail. Je mehr sie unterteilt, um so klarer sieht sie. Sie kann sagen, wie die Leber, wie die Nieren beschaffen sind; sie kann alle Funktionen der Leber analysieren und die vielen verschiedenen Arten des Rheumatismus entdecken. Aber es fehlt das Ganze. Die Wissenschaft kann nie das Ganze erfassen. Sehen Sie sich eine medizinische Abhandlung an! Man beschreibt darin die Symptome aller Krankheiten, aber was die Krankheit ist, werden Sie nicht finden. Man beschreibt darin alle Organe des Menschen, aber was der Mensch ist, darüber wird nichts ausgesagt. Die globalen Dinge, die das Ganze betreffen, entgehen der Wissenschaft. Um eine klare Vorstellung vom Menschen, von der Krankheit, vom Leben, von der Heilung zu erhalten, müssen wir unsere wissenschaftlichen Kenntnisse, die technisch und analytisch sind, durch eine Sicht geistiger Ordnung vervollständigen.

Man verstehe mich recht! Es handelt sich nicht darum, die Wissenschaft abzulehnen. Es sind jedoch gerade die größten Gelehrten, die einsehen, daß die Wissenschaft ihre Grenzen hat. Sie wissen, daß es zur Ausbildung eines Arztes zwei Dinge braucht: große wissenschaftliche Kenntnisse und ein mitfühlendes Herz. Nun, diese letztere Eigenschaft kann die Wissenschaft nicht vermitteln. Der menschliche Kontakt, die Möglichkeit in Kontakt zum Patienten zu treten, sich ihm gegenüber zu öffnen und sein Freund zu werden, all das ist nicht wissenschaftlich, sondern muß aus einer andern Quelle geschöpft werden.

Seit 35 Jahren haben diese Tagungen mit Kollegen aus Amerika, Europa und Asien in verschiedenen Ländern stattgefunden, wobei man danach trachtete, einen christlichen Standpunkt in der Medizin festzulegen. Es handelt sich nicht darum, eine christliche Medizin auszuarbeiten; denn es gibt nur eine Medizin. Aber das Christentum kann dem Arzt die Augen öffnen und ihm verständlich machen, was der Mensch ist und was die Krankheit und das Leiden sind.

Ich bin sehr froh, sozusagen als erster mitgearbeitet zu haben an dieser ganzen ökumenischen Bewegung, die sich jetzt entfaltet. Ich bin tatsächlich sehr gut aufgenommen worden in anderen Konfessionen als der protestantischen, zu der ich gehöre. Mein erstes Buch *Krankheit und Lebensprobleme* wurde auf italienisch von einem jungen Kollegen übersetzt, der jetzt Professor in Rom ist und Präsident der katholischen Ärzte Italiens. Es wurde von einem katholischen Verleger herausgegeben. Ein anderes von mir verfaßtes Buch mit dem Titel *Bibel und Medizin* wurde von einem bekannten spanischen Arzt ins Spanische übersetzt. Dieser sagte mir: „Für ein von einem Protestanten über die Bibel geschriebenes Buch wird die Genehmigung für die Herausgabe auf spanisch schwierig zu erhalten sein." Es brauchte dazu die Druckerlaubnis der Kirche, das *nihil obstat,* wie man sagt. Es dauerte lange, aber ich bin sehr stolz, das *nihil obstat* für mein in Spanien erschienenes Buch erhalten zu haben. Das will sagen, daß die Ärzte, ungeachtet der Konfessionen und sogar ungeachtet der Trennungen zwischen den Religionen, eine Verbindung zwischen den Menschen herstellen können. Ich habe Kontakte mit dem Islam gehabt, und ich habe feststellen können, daß es möglich ist, uns in einer geistigen Sicht des Menschen zu vereinen, und zwar nicht nur unter Christen, sondern auch mit den Juden und den Moslems.

Den Ärzten fällt es leicht zu diskutieren, und bei diesen Tagungen ist es nicht schwer, über den Menschen, über die Krankheit, über die Bibel und das Leiden zu diskutieren, aber damit eine feste Grundlage geschaffen wird, muß man über die Diskussionen hinaus gehen, um persönlich zu werden. Folglich verlangen wir von den Ärzten, daß sie am Abend über ihr eigenes Leben und ihre eigenen Erfahrungen berichten. Es ist sehr interessant, die Ärzte, einer nach dem andern, über ihre Erfahrungen sprechen zu hören, wann sie selbst krank waren, beispielsweise. Die Verschiedenheit der Leiden und die Verschiedenheit der Reaktionen darauf ist sehr beeindruckend. Man kann fühlen, wie vielfältig der Widerhall im menschlichen Herzen ist. Es tut den Ärzten sehr gut, krank zu sein, aber sie vergessen es schnell. Wenn sie daher aufgerufen werden, von ihren Erlebnissen während der Krankheit zu erzählen, läßt sie das wieder menschlich werden. Wissen Sie, der Arzt fühlt sich ein wenig erhaben. Jedermann sagt zu ihm: „Ja, Herr Doktor; gut, Herr Doktor." Man verbeugt sich vor ihm. Er muß von seinem Piedestal herabsteigen, um wieder menschlich zu werden, und er steigt gerade dann herab, wenn er krank ist.

Sie haben mich gebeten, vom Christen angesichts des Leidens zu sprechen. Ich glaube, daß man dieses Thema auf dreierlei verschiedene Arten verstehen kann: der Christ angesichts seines eigenen Leidens, der Christ angesichts des Leidens der andern und der Christ vor dem Problem des Leidens. Ich will versuchen, diese drei Themen zu behandeln, und ich beginne mit dem schwierigsten,wie ich das immer zu tun pflege: der Christ vor dem Problem des Leidens.

Über das Problem des Leidens wurde von jeher vergeblich bis ins Unendliche philosophiert. Das Problem des Leidens, zusammen mit dem des Bösen hat nie aufgehört, die Menschen zu beunruhigen, ohne daß je ein Weiser oder ein Schriftsteller damit zu Ende gekommen wäre. Eine historisch-philosophische Darstellung des Problems des Bösen würde zu weit führen, aber klar ist, daß man es nie gelöst hat. Die Griechen hatten versucht, es auf rationale Weise anzugehen. Zur Zeit Jesu hat die griechische Philosophie in einem Rationalismus triumphiert, der alles arrangierte. Jesus ist an das Problem des Leidens nie auf abstrakte Weise, theoretisch, als Lehre oder in philosophischer Art herangegangen. Er hat Gleichnisse erzählt, Erlebnisse, er ist Kranken begegnet und hat sie geheilt, er hat selbst gelitten. Jesus ist in einer abstrakten Welt aufgetreten, die so kultiviert und intellektuell war, daß sie den Kontakt mit der Wirklichkeit verloren hatte. Seine Botschaft ist im wesentlichen konkret. Er antwortet auf die Probleme nicht in abstrakter Weise, sondern durch eine Handlung, durch ein Eingreifen. Seine Art, die Kranken und die Gesunden anzureden, liegt im Erlebten, in der Anekdote, im Gleichnis. Er berührt den Menschen nicht in seinem Intellekt, sondern in der Wirklichkeit seiner Probleme.

Die Bibel bestätigt vom Anfang bis zum Ende, daß unsere Welt durch das Leiden und die Gegenwart des Bösen gekennzeichnet ist. Sie beschreibt die Welt als eine gefallene Welt, als Welt, die ihre ursprüngliche Vollkommenheit verloren hat. So läßt die Erzählung der Genesis, die das Problem des Sündenfalls auf poetische Weise darstellt, den Grundgedanken erkennen, daß Gott die Welt vollkommen erschaffen hat, und daß eine Zerstörung eintrat, welche die Krankheit, das Leiden und den Tod mit sich brachte. Alle diese Feinde sind Zeichen dieser Degradierung, welche die Bibel Sündenfall nennt. Indem Paulus im Römerbrief, also fast am andern Ende der Bibel, diesen Gedanken wieder aufnimmt, sagt er: „Durch die Sünde ist der Tod in die Welt gekommen" (Römerbrief 5, 12). Es ist folglich ein Zusammenhang geschaffen worden zwischen dem Ungehorsam und dem Zustand des Leidens, in dem die Menschen leben. In der Genesis sagt Gott zum Menschen: „Im Schweiße deines Angesichts sollst du dein Brot essen" (1. Mose 3, 19), und zum Weibe sagte er: „Du sollst mit Schmerzen Kinder gebären" (1. Mose 3, 16). Aus diesen Texten hat man entnommen, daß Gott den Menschen eine Strafe auferlegt hat, wegen ihres Ungehorsams. Und ich habe Kollegen, die mich gefragt haben: „Handelt man jetzt durch die Anwendung der schmerzlosen Geburt gegen den Willen Gottes?"

Es geht nicht ganz darum. Einer meiner Freunde, Professor Jacques Ellul von Bordeaux, der gleichzeitig Jurist und Theologe ist, hat erklärt, daß Gott nicht eine Sanktion verhängen, sondern daß er dem Menschen die Folgen seines Sündenfalls zeigen wollte: „Du wolltest mehr wissen als ich, du wolltest aus dir selbst handeln? Nun wirst du sehen, was daraus erfolgt." Das ist der Sinn der Frucht der Erkenntnis des Guten und des Bösen: Man hat Gott zur Lenkung seines Lebens nicht mehr nötig. Ich teile voll und ganz diese These. In den Texten der Genesis und im Geiste der Bibel warnt Gott den Menschen, daß er viele Leiden erleben werde, wenn er es ohne Gott machen und sein Leben selbst lenken wolle. Es ist nicht so sehr eine Sanktion als eine Warnung.

Zu Beginn der biblischen Offenbarung war der Begriff des Leidens und des Nicht-Leidens gebunden an den des Gehorsams und Ungehorsams des Volkes Israel. Das ist eine kollektive Sprache. Aber zur Zeit der Propheten ist der individuelle Begriff des persönlichen Gehorsams und der persönlichen Verantwortung hinzugekommen. Man stellte sich folglich die Frage: „Ist es wahr, daß Gott gehorchen die Gesundheit sichert und ihm ungehorsam sein, Krankheit herbeiführt?“ Diese Gewissenskrise wird im Buch Hiob behandelt.

Hiob ist der Mann, dem, ohne daß er dem lieben Gott etwas getan hätte, alles nur erdenkliche Unglück zustößt. Er wird nicht nur krank, sondern er verliert auch seine Frau, seine Kinder, sein Vieh und seine ganze Habe. Darüber hinaus hat er Freunde, die unter dem Vorwand, ihm helfen zu wollen, ihn mit Vorwürfen überschütten und sagen: „Wenn du so viel Unglück hast, muß man denken, du seiest ein großer Sünder.“ Da protestierte Hiob und sagte, das sei absolut nicht wahr. Natürlich ist das Buch eine erfundene Erzählung. Aber es behandelt das Problem aller Zeiten: Ist das Leiden eine Strafe? Diese Frage wird verneint, nicht nur vom Autor des Buches, sondern auch von den Propheten Jeremias und Jesaja.

Dann kommt Jesus. Man führte einen Blindgeborenen zu ihm, und die Jünger fragten: „Wer hat gesündigt? Dieser oder seine Eltern?“ Jesus antwortete entschieden: „Es hat weder dieser gesündigt, noch seine Eltern“ (Johannes 9,2–3). Wir sehen hier, wie Jesus diese Frage deutlich, absolut, ausdrücklich verneint. Ich könnte eine lange Abhandlung darüber machen, aber dieser Satz genügt, um zu zeigen, daß Jesus eine Wende markiert hat. Das Leiden ist an den Zustand des Sündenfalls der Menschheit gebunden, zu deren Erlösung er gekommen ist, aber gleichzeitig hat er es abgelehnt, das Leiden als Frucht der persönlichen Sünde oder der kollektiven Sünde eines Volkes zu betrachten. Dieser Fortschritt ist beträchtlich.

Die Bibel bestätigt also, daß ein Zusammenhang zwischen dem Sündenfall und dem Leiden besteht und daß dieses ein Zeichen des Niedergangs der Menschheit ist; sie versichert uns jedoch gleichzeitig, daß die Kranken keine größeren Sünder seien als die Gesunden. Ich sage folglich zu den Gesunden: „Hüten Sie sich vor dem Pharisäertum, und seien Sie sich dessen bewußt, daß sie alle ebenso Sünder sind wie die Kranken.“

Die Gesunden zeigen so oft eine Art Überheblichkeit den Kranken gegenüber, als ob ihre Gesundheit ihnen eine gewisse Überlegenheit geben würde. Die Kranken fühlen das sofort. Jesus bringt etwas ganz anderes. Er bringt den Begriff des rettenden Gottes. Dieser Begriff wird schon im Alten Testament sichtbar, wenn Gott aus der Höhe des Himmels die Menschen betrachtet und all ihre Greueltaten sieht. Der Text sagt, daß Er zornig wurde. Seine Nase rötete sich! Das ist eine poetische Art, die Gott menschliche Gefühle zuschreibt. Vom Zorn Gottes ist immer wieder die Rede im Alten Testament. Nun, wenn man zornig wird, zeigt das immer, daß man leidet. Jede stärkere Erregung ist schon ein Ausdruck des Leidens. Das Alte Testament bringt also ein gewisses Leiden Gottes zum Ausdruck, angesichts der Sünden der Menschen. Aber Jesus geht viel weiter; er führt einen erstaunlichen Begriff ein.

Wissen Sie, daß das Christentum die einzige Religion mit einem leidenden Gott ist? Alle Religionen haben Gott auf eine möglichst liebenswürdige und erhabene Weise darstellen wollen: einen in den Himmel erhobenen Gott, einen Gott der Gesundheit, wenn ich so sagen darf, einen vollkommenen Gott. Das Christentum stürzt alles um; denn es zeigt uns einen leidenden Gott, der mit jedem Kranken leidet, der jeden Kranken in seinem Leiden begleitet, der wegen des Leidens jedes Kranken auch leidet. Das ist die große christliche Botschaft für die Kranken: Gott leidet wegen Ihrer Krankheit. Jene, welche sagen: „Ich kann nicht an Gott glauben, wenn ich all das Schreckliche in der Welt sehe", verkennen, daß Gott selbst es ist, der besser als wir, all das Schreckliche sieht, und der an allem Bösen und an allen Leiden der Menschheit selbst leidet. Mit Jesus ist es nicht nur der Gott, der wegen des Leidens der andern leidet, sondern es ist der Gott, der selbst leidet. Jesus am Kreuz, das ist Jesus, der ein Leiden auf sich nimmt, das er nicht verdient hat, höchste Verneinung dieser falschen Verbindung zwischen Sünde und Krankheit.

Es hat durch das Evangelium eine Umkehrung des ganzen Leidensproblems stattgefunden. In der Antike verachtete man das Leiden, es wurde als Belastung angesehen, und nun wird es fast für nichtig erklärt, wenn die Leidenden die von Gott Geliebten werden. Man denke nur an die Märtyrer, die voller Freude und Loblieder singend sich vor die Löwen warfen. Diese Verklärung des Leidens ist eine historische Tatsache, die vollkommen unwahrscheinlich scheint; das ging so weit, daß die Kirche gegen gewisse Tendenzen eines Suchens nach Vollkommenheit durch das Leiden kämpfen mußte. Ich vermerke hier beiläufig noch die Ermahnung von Papst Pius XII.: „Das Leiden darf nie zum Ziel werden, es kann aber in den Händen Gottes ein Hilfsmittel werden."

Es gab noch andere Interpretationen, die ich schnell streifen will. Einige Leute wollten das Problem lösen, indem sie das Böse und das Leiden leugneten. Indem man immer wieder sagt: „Ich habe keine Schmerzen", kann das von großer Glaubenskraft zeugen, und es kann bei starken Persönlichkeiten zum Erfolg führen, aber es ist keine biblische Lösung. Die Bibel schaut hingegen dem Leiden ins Gesicht. Man kann sogar sagen, die Bibel sei das Buch des Leidens.

Andere Christen betonen die Macht der Heilung durch den Geist. Auch sie legen Zeugnis ab von großem Glauben. Aber da sie nur immer von Glaubenssiegen sprechen, verschweigen sie einen Teil des Evangeliums, insbesondere das Kreuz. Wir sehen etliche Patienten, die ihre Hilfe in dieser Macht der Heilung durch den Glauben sehen. Das kann wohltuend sein, aber es kann auch schaden. „Wenn glaubensstarke Menschen, die die Kraft des heiligen Geistes bestätigen, versucht haben, mich zu heilen, ohne daß sie Erfolg hatten, so zeigt das, daß ich nicht würdig bin, von Gott geheilt zu werden." Man fällt in Schuldgefühle zurück. Sie verstehen, weshalb ein Arzt empfindlich reagiert auf die Gefahr von Interpretationen, die eine Art Schande der Krankheit schaffen. Die Kranken sind schnell bereit, sich ihrer Krankheit zu schämen, weil sie ihrer Umgebung zur Last fallen und nichts Nützliches tun können. Ein Arzt ist folglich angesichts jeder triumphalen Haltung, die nicht unter allen Umständen gerechtfertigt werden kann, sehr vorsichtig.

Die christliche Haltung ist vor allem eine demütige Haltung. Damit möchte ich diesen ersten Teil über das Problem des Leidens beenden. Man muß mit Demut anerkennen, daß es keine Antwort auf die Probleme des Leidens gibt, die sich dem Menschen stellen. Kharim Aga Khan, der Chef einer muslimischen Sekte, antwortete eines Tages einem Journalisten, der ihn fragte, ob das Leiden von Gott komme: „Ich erlaube mir nicht, diese Frage zu stellen." Das ist eine ganz auf der biblischen Linie liegende Lehre für uns. Gott hat Geheimnisse, in die wir nicht eindringen können. Deshalb sollte ich schweigen. Sie haben mich aber gebeten zu sprechen. Folglich spreche ich, um Ihnen zu sagen, daß es keine Antwort gibt; die christliche Haltung besteht nicht darin, in die Geheimnisse Gottes eindringen zu wollen, sondern sich vor ihnen zu beugen. „Die Welt ist voll von unerklärlichen Geheimnissen und voll von Leiden“, hat Albert Schweitzer geschrieben. Dieser Christ, dieser Arzt stellt die Unermeßlichkeit des menschlichen Leidens fest. Er eilt zu Hilfe, aber er anerkennt das Geheimnis und beugt sich davor.

Im zweiten Teil meines Themas „Der Christ angesichts des Leidens der anderen“ hat das Christentum mehr zu sagen; denn es führt das Mitleid in die menschliche Geschichte ein. Früher verachtete man die Schwachen, die Kleinen, die Verwundeten. Sie waren zu nichts mehr nütze, als weggeworfen zu werden. Jesus mißt ihnen in seinem Verhalten und in seiner Botschaft eine ganz besondere Bedeutung zu. Das hat eine totale Umkehrung gebracht, und selbst die nichtchristlichen Länder leben unter dem historischen Einfluß dieses Wandels der öffentlichen Meinung. Von nun an sind die Kleinen, die Kinder, die Schwachen, die Kranken Gegenstand des Mitleids, anstatt daß man ihnen achselzuckend den Rücken kehrt.

Der Christ angesichts des Leidens anderer ist von Gott dazu berufen, kraft seines Glaubens, zu den andern zu gehen, um ihre Leiden zu erleichtern. Die Gleichnisse vom barmherzigen Samariter und vom guten Hirten finden in der Seele des Arztes großen Widerhall. Er entdeckt darin einen Ruf Gottes, den andern zu Hilfe zu kommen; das gibt seinem Beruf die richtige Dimension. Der Arzt wird dann zum Mitarbeiter Gottes.

Das Leiden ist ungeheuer groß. Wir wissen nicht, woher es kommt, aber Gott nimmt sich der Leidenden an und sendet seine Diener, damit sie Erleichterung bringen. Er kann das Leiden sogar verklären und bewirken, daß die, welche am meisten leiden, am meisten Früchte bringen. Ich komme auf das Beispiel von Suzanne Fouché zurück, deren Amt im Dienste der Gebrechlichen so fruchtbar gewesen ist, weil sie sich in die christliche Haltung der Annahme ihres Leidens stellen konnte.

Das Gefühl menschlicher Teilnahme hat in unserer Generation große Ausmaße angenommen. Bekanntlich konnten viele

Christen gleichgültig bleiben, angesichts weit entfernten Leidens. Heute zeigt sich eine Bewußtwerdung durch eine Unruhe all jener, die nicht mehr glücklich und frei von Sorgen leben können, solange es Leiden auf der Erde gibt. Gleichzeitig ist die Bibel realistisch: Es wird immer Arme geben; es wird immer Leidende geben. Der Weg des Kreuzes akzeptiert das Leiden, akzeptiert die Niederlage und sagt ja dazu, den definitiven Sieg nicht erringen zu können.

Kierkegaard, einer der größten christlichen Denker, hat auf seinem Totenbett gesagt: „Mein Leben ist ein großes Leiden gewesen, den andern unbekannt und unverständlich.“ Er hat den nichtmitteilbaren Charakter des Leidens betont. Wir können das Leiden des anderen nie wirklich ermessen, wir können es nur erraten. Solche Sätze wie „Oh, ich kann mich gut in Ihre Lage versetzen“, sind sehr oft reiner Schwindel. Die Leidenden selbst wissen sehr gut, daß ihr Leiden nicht mitteilbar ist und daß es einem Wegwischen des Problems gleichkommt, wenn man denkt, man könne sich in ihre Lage versetzen. Eines Tages kam eine untröstliche Witwe zu mir. Ich habe zu ihr gesagt: „Im Grunde, liebe Frau, bin ich der Ansicht, daß ich, solange ich meine Frau nicht selbst verloren habe, nicht wissen kann, was der Witwenstand bedeutet.“ Sie war sehr erstaunt und sagte: „Alle andern wollten mich trösten. Sie sind der Erste, der mir die Wahrheit sagt.“ Diese Witwe ist eine wunderbare militante Christin geworden. So manche Sätze, die man sozusagen zum Trost ausspricht, trösten niemanden, weil sie der Wahrheit nicht entsprechen. Es ist schon so, niemand kann wie Christus ein so totales Mitleid haben. Wir haben alle unsere Grenze, und sie zeigt sich besonders angesichts des Todes. Die Ärzte, die mit glühendem Eifer den Patienten helfen wollen, werden aus der Fassung gebracht, angesichts von Patienten, die verloren sind. Viele Ärzte haben mir gestanden, daß es ihnen, wenn sie einmal nichts mehr tun konnten, sehr schwer fiel, das Zimmer eines Patienten zu betreten, der als verloren galt.

Ich habe in einem Buch folgendes gelesen: Ein amerikanischer Psychologe installierte sich im Korridor eines Krankenhauses von New York, nachdem er die Zimmer ermittelt hatte, in denen Sterbende lagen, und jene, in denen die Patienten auf dem Weg der Besserung waren. Er kontrollierte nun mit einem Chronometer, wieviel Zeit die Krankenschwestern brauchten, um auf einen Ruf zu antworten, und stellte fest, daß sie zweimal rascher zu den Kranken kamen, die auf dem Weg der Besserung waren, als zu den Sterbenden. Als er mit den Schwestern darüber sprach, waren sie sehr erstaunt und sagten, dies sei keineswegs richtig. „Sobald das Licht aufleuchtet, rennen wir ... Wir wissen übrigens nicht, ob ein Sterbender oder ein anderer Patient ruft." Und dennoch war die Beobachtung unmißverständlich. Folglich ist ihre Reaktion unbewußt gewesen. Jeder von uns hat eine gewisse Angst vor dem Leiden, und wir nehmen bis zu einer gewissen Grenze Teil am Leid der andern. Das trifft selbst für die Gläubigsten unter uns zu. Der gleiche Autor spricht von Pfarrern, die, um die persönliche Beziehung zu vermeiden, Abschnitte aus der Bibel vorlesen. Also sind in den Krankenhäusern die im Sterben liegenden Patienten ganz allein. Sie sterben allein in einer Art Verschwörung des Schweigens.

Ich muß nun noch das dritte und letzte Thema behandeln: „Der Christ angesichts seines eigenen Leidens". Annehmen! Das ist schwer. Die passive Reaktion, die Resignation haben keinerlei Wert. Betagte, die sich in einem Winkel zum Sterben hinlegen, verhalten sich wie ein verwundetes Tier und nicht wie ein Mensch. Die Auflehnung, das ist die normale Reaktion, und keiner muß sich seiner Auflehnung schämen, wenn ihn ein Schicksalsschlag trifft. Die meisten Leute verbergen sie, aber die erste Regung, und in den Augen eines Psychologen und eines Arztes die normale Regung, ist die der Auflehnung. Öffnen Sie die Bibel, und Sie werden sehen, daß ganz große Gläubige wie Jesaja und Jeremia und all die andern, sich aufgelehnt haben. Es hat sogar bei Jesus Regungen von Auflehnung gegeben. Also schämen Sie sich Ihrer Auflehnung nicht, sie ist normal. Man muß durch diese Phase der Empörung hindurchgegangen sein, um zur echten Annahme zu gelangen, und zwar nicht durch eine Willensanstrengung, sondern unter Mithilfe des Geistes. Das Ziel des Lebens ist nicht die Abwesenheit von Leiden, sondern daß diese Leiden Früchte tragen können. „Ihr werdet Drangsale und Verfolgungen erleiden", sagt Jesus. Und der heilige Franziskus sagte: „Das Heil, das ich erwarte, ist so groß, daß alle Mühe mir

Freude bedeutet.“ Das ist der Sieg des Geistes und des Glaubens, die das Leiden in die Freude, mit Gott inniger vertraut zu werden, verwandeln können.

Als mein jüngerer Sohn sich das Bein gebrochen hatte, sagte er zu mir: „Endlich erlebe ich etwas!“ Wir trachteten so sehr danach, ihn vor allen Gefahren zu beschützen, daß er den Eindruck hatte, nicht richtig zu leben. Wenn man nicht leidet, lebt man nicht. Ich habe Leute gesehen, die das Gefühl zu sein und zu leben durch die Erfahrung des Leidens entdeckten. Das Leiden kann uns einen Hilfeschrei zu Gott entreißen. Calvin, der magenleidend gewesen ist, rief in den Augenblicken der Krisis in seiner ziemlich derben Sprache aus: „O mein Gott, du zermalmst mich!“ Viele Heilige haben diese Erfahrung der Läuterung durch das Leiden gemacht, nicht in einem philosophischen Sinn, als ob Gott es schicken würde, sondern in dem Sinn, Gott zugewendet zu sein. Und welches wäre der Sinn des Lebens, wenn nicht, Gott zu entdecken.

Im Buch Hiob, von dem ich eben sprach, findet man keine Antwort auf das Problem des Leidens eines Gerechten. Gott donnert und blitzt im Gegenteil mit aller Macht, was den Psychologen Jung ein wenig schockierte; er fand, daß Gott unrecht hatte, Hiob ohne Antwort zu lassen. Aber am Ende ist Hiob Gott begegnet und sagte: „Ich kannte dich vom Hörensagen, nun aber hat mein Auge dich gesehen“ (Hiob 42, 5). Ja, das Leiden kann die Erfahrung einer Begegnung mit Gott bringen. Ich denke hier an eine Mutter, die eine Tochter in der Blüte ihres Lebens verloren hatte. Sie kam zu mir und sagte: „Von nun an habe ich eine Verbindung mit dem Himmel.“ So kann eine große Trauer eine Zugehörigkeit zum Himmel schaffen. Man steht mit einem Fuß im Himmel, weil ein geliebter Mensch schon dort ist und wir davon träumen, ihn wiederzusehen.

Nun muß ich noch auf das Problem des Sinnes zu sprechen kommen. Wer keinen Sinn für sein Leben findet, leidet doppelt. Er leidet nicht nur an seinem Unglück, sondern auch an dessen Sinnlosigkeit. Einer der führenden Psychoanalytiker von heute, Viktor Frankl aus Wien, betont das Bedürfnis der Menschen, einen Sinn für ihr Leben zu finden. Zur Zeit Freuds haben gewisse seiner Jünger in der Psychoanalyse ein Allheilmittel sehen wollen, das auf alle Probleme der Menschen Antwort gibt. Freud, der ein ehrlicher Mann war, hat sie gewarnt und gesagt: „Die Psychoanalyse kann sehr wohl ein neurotisches Leiden in ein menschliches umwandeln, aber gegen das menschliche Leiden kann sie nichts ausrichten."

Freud selbst hat viel gelitten. Er wurde 32mal an einem Kehlkopfkrebs operiert, der sich zehn Jahre lang hinzog, und schließlich konnte er weder essen, noch trinken und auch nicht mehr sprechen. Dieser sehr demütige und starke Mann hat alles mit außerordentlichem Stoizismus ertragen. Aber welcher Weg wurde zurückgelegt seit Freud, der sagte: „Das menschliche Leiden gehört nicht mehr in unser Gebiet", bis zu Frankl, der sagt: „Das größte Bedürfnis des Menschen ist, einen Sinn für die Dinge, einen Sinn für das Leben zu finden." Der moderne Mensch leidet an einer Sinnentleerung, die Frankl existentielle Leere nennt. Die meisten unserer Zeitgenossen werden wie in einem Taumel fortgerissen durch eine Zivilisation der Massen, der Produktion, der Konsumation, die sich ständig dreht und keinen Sinn hat.

Sie verstehen, wofür wir kämpfen! Unser Kampf hat zum Ziel, der Menschheit zu ermöglichen, die Dinge nicht mehr nur unter ihrem äußeren, unmenschlichen, technischen Aspekt zu sehen, sondern auch in ihrem menschlichen Zusammenhang, in dem, was sich in jedem Leben abspielt. Es ist der Glaubenskampf, der einen Sinn finden kann, selbst im Leiden, selbst in der Erniedrigung, selbst wenn einem alles genommen wurde, und der eine Vertrautheit mit dem Erlöser erlaubt.

Das Zentrum des Evangeliums ist nicht eine Lehre, sondern eine Person, eine Person, die leidet. Im Leiden kann sich der Christ Jesus nähern, sich mit ihm identifizieren, in seinem Tod und in seinem Sieg. Die Reife der Person, die geistige Entfaltung wird leider nicht ohne Leiden erworben, oder wenigstens nicht ohne Gemeinschaft mit dem leidenen Nächsten.

Die Katholiken verwenden einen den Protestanten wenig vertrauten Begriff; sie stellen sich vor, ihr Leiden als Opfer darzubringen. Und ich denke, daß es meine Aufgabe als protestantischer Arzt ist, zu sagen, daß ich dem zustimme. Der Apostel Paulus spricht von seinen Leiden als von einem Mittel, die Leiden Christi zu ergänzen. „Ich lebe, aber nicht mehr ich, sondern Christus lebt in mir" (Galaterbrief 2,20). Diese Identifikation mit Jesus ist ein sehr bekanntes psychologisches Phänomen. Man nennt sie Kommunion. Die Vereinigung mit Jesus verbindet uns mit den andern Menschen, in der Gewißheit, daß die vollkommene Hoffnung jenseits von dieser Welt liegt, in einer neuen Erde und einem neuen Himmel, wo, wie die Offenbarung sagt: „Der Tod nicht mehr sein wird, noch Leid, noch Geschrei, noch Schmerz wird mehr sein ..." (Offenbarung 21,4).

Nun beantwortet Paul Tournier Fragen aus dem Publikum.

Man kann sagen, daß die heutige Gesellschaft die Verantwortung zur Erleichterung des Leidens auf sich nimmt; es bleibt jedoch dem Tod gegenüber ein Unbehagen. Sollte man dem medizinischen Personal nicht eine Einführung geben, um Haltungen zu vermeiden, wie sie bei den amerikanischen Krankenschwestern vorgekommen sind?

Nicht nur bei den Krankenschwestern, sondern auch bei den Ärzten. Das Schweigen in bezug auf den Tod ist eine Art Übereinkommen, wobei jeder versucht, sich selbst zu beruhigen, indem er von etwas anderem spricht. Bekanntlich wissen die Leute gut, daß sie sterben werden, daß sie sterben müssen, und dennoch wagt man nicht, mit dem Betreffenden darüber zu sprechen. Man denkt, man wolle ihm eine Emotion ersparen, aber es ist unsere eigene Emotion, die wir fürchten, nicht die seine. Psychologisch ist es ein Tabu, an das man nicht rühren darf. Wenn man dieses Tabu anpackt, wird man es vielleicht entmystifizieren können, wie es mit der Sexualität der Fall war, als man begann, die Dinge so zu sehen, wie sie sind, und als man offen darüber zu sprechen anfing. Im Fernen Osten gibt es Völker, bei denen das anders vor sich geht: Ein Greis stellt seinen Sarg mitten im Zimmer auf, damit die Angehörigen ihn im voraus bewundern können. Diese Vertrautheit mit dem Tod ist keineswegs unmenschlich. Sie kann sogar in gewissem Sinne sehr schön sein. Ich denke, daß dieses Tabu das Leben der Menschen enorm verdüstert. Man tut, als ob der Tod nicht existierte, was eine Art Lüge ist. Der Tod ist der unvermeidliche Übergang zu einer andern Lebensetappe, vergleichbar mit der Geburt. Das Kind im Mutterschoß weiß nicht, was seiner wartet. Es ist die Erfahrung, die ihm die Antwort gibt. Das gilt auch für uns: Die Erfahrung wird uns zeigen, in welche Welt wir jenseits des Todes kommen werden. Selbst jene, die schon überzeugt sind wie Sie und ich, haben Hemmungen, dem Tod ganz einfach und offen gegenüberzutreten. Wir müssen also zuerst über uns selbst den Sieg erringen, nachher können wir der Menschheit etwas Besseres bringen.

Ich kenne ein Ehepaar. Er wußte, daß sie sterben würde, sie wußte es auch, aber bis zum letzten Augenblick haben sie nicht darüber gesprochen. Die Ärzte selbst sind sich untereinander nicht einig, ob es zweckmäßig ist, jemandem zu sagen, daß er sterben müsse.

Vielleicht habe ich vorher ein wenig zu brüsk geantwortet, und Sie haben recht. Es braucht Takt. Alles hängt vom Grad der Gemeinschaft und Vertrautheit zwischen den Gesprächspartnern ab. Ich habe einen Freund, der Chirurg und Leiter einer großen Klinik ist. Sein Sohn wurde mit 17 Jahren krebskrank und ist innerhalb eines Jahres langsam daran gestorben. Während dieser ganzen Zeit hat er nicht aufgehört zu sagen: „Ich habe Vertrauen, Papa wird mich heilen." Der Vater kam oft bis nach Genf, um mir sein Herz auszuschütten, und er sagte: „Ich muß mich überwinden, ins Zimmer meines Sohnes einzutreten, der dem Tod entgegengeht, aber zu jedermann immer wieder sagt: ‚Ich habe Vertrauen, Papa wird mich heilen.' "

Der Sohn starb, und die Jahre vergingen. Acht Jahre später hat dieser Chirurg einen der besten Freunde seines Sohnes wiedergesehen, der zu ihm sagte: „Ihr Sohn wußte, daß er verloren war. Er hat einmal mit mir darüber gesprochen und gesagt: ‚Ich muß Papa Freude machen, deshalb sage ich immer wieder, daß er mich gesund machen werde.' "

Man erkennt das Drama: Der Vater wußte, daß der Sohn verloren war; der Sohn wußte es auch. Er wiederholte immer wieder: „Ich habe Vertrauen, Papa wird mich heilen", um der Emotion auszuweichen und dem Vater eine Freude zu bereiten. Und dieses „ich habe Vertrauen" wühlte das Herz des Vaters auf und errichtete eine Mauer zwischen Vater und Sohn. Sie konnten nie zusammen sprechen, und dieser Vater quälte sich ab in Trauer und Schmerz. Während Jahren hatte man nicht auf ihn zählen können. Schließlich konnte er dann durch die Gnade Gottes den Tod seines Sohnes annehmen. Jetzt übt er ein wunderbares Amt als Arzt und Christ aus. Aber es geschah um den Preis vieler Leiden, wie Sie sehen.

Sie werden sich gewiß ab und zu veranlaßt fühlen, zu den Patienten, die in ihrer Behandlung sind, über die Bibel zu sprechen? Erfahren Sie manchmal von seiten der Patienten eine gewisse Zurückhaltung?

Wissen Sie, ich spreche nicht viel; ich höre zu. Manchmal werde ich gefragt, ob ich die Patienten veranlasse, über religiöse Probleme zu sprechen. Das ist ganz und gar nicht der Fall. Die Rolle eines Arztes ist es, einen Patienten zu begleiten, bereit zu sein, alles, was er zu sagen hat, aufzunehmen, und nicht ihn führen zu wollen und ihm religiösen Unterricht zu erteilen. Ich habe das Gefühl, daß ich ihn begleite, aber das ist keine kleine Sache. Die andern kommen schließlich immer von selbst so weit, daß sie von wesentlichen Problemen zu sprechen anfangen, und in diesem Moment unterbrechen die meisten Ärzte den Dialog und sagen: „Oh, dafür müssen Sie zu einem Pfarrer gehen." Der Arzt ist ein Mensch, dem man sich anvertraut; er muß folglich bereit sein, den Patienten in all den Umwegen seines Lebens zu begleiten.

Es ist vorgekommen, daß Pfarrer oder katholische Geistliche mich fragten: „Wie machen Sie es, daß Sie so viele religiöse Gespräche mit den Leuten führen können?" Ich antwortete, daß ich nichts Besonderes mache. Jene finden, daß die Leute gleichgültig seien, während sie sich doch nur gegen jeden Menschen verteidigen, der ihnen zu predigen versucht. Man hat immer Angst, eingefangen zu werden, während man mit einem Mann wie ich keine Angst vor so etwas hat. Oder falls man Angst hat, dann sagt man es eben. Ich erinnere mich an einen überzeugten Kommunisten, der mir in einem Brief, worin er um ein Rendezvous bat, schrieb: „Ich habe erfahren, daß Sie ein christlicher Arzt sind, und ich hoffe, daß dies kein Hindernis zwischen uns sein wird. Ich komme unter der Bedingung zu Ihnen, daß Sie nicht über religiöse Fragen mit mir sprechen." Ich antwortete: „Einverstanden." Wir kamen gut voran, aber nach drei Sitzungen sagte ich zu ihm: „Es tut mir leid, aber ich kann nicht weitermachen." – „Wieso?" – „Nein, ich kann nicht." – „Und warum?" – „Sie haben mir das Versprechen abgenommen, keine religiösen Fragen zu berühren, aber Sie sprechen die ganze Zeit davon."

Die Leute stellen sich Fragen, und die Suche nach dem Sinn des Lebens ist nicht Sache von Frankl. Die von mir befürwortete Haltung ist ein Bereitsein, den Dialog aufrecht zu erhalten, ohne ihn zu unterbrechen, ohne Ausflüchte. Es ist sehr leicht auszuweichen. Es genügt zu sagen: „Was Ihre Schwiegermutter betrifft, geht es ihr besser mit ihrer Grippe?" Und schon ist der Dialog unterbrochen, absichtlich unterbrochen, mit einem Kunstgriff. Es handelt sich darum, mit sich selbst sehr streng zu sein und zu wissen, daß ein Gespräch mit einem Arzt wie auch ein solches mit einem Priester oder Pfarrer etwas sehr ernst zu Nehmendes ist und daß man nie das Recht hat auszuweichen, daß man bereit sein muß, bis zum Ende zu begleiten, eingeschlossen Fragen des Glaubens und des Todes, sofern sie vom Patienten gestellt werden und nicht von uns. Das ist das Gegenteil einer belehrenden Haltung. Die Kirche hat den Auftrag zu lehren, nicht ich. Ich belehre niemanden: ich bin bestrebt zu begleiten.

Ich habe den Eindruck, daß man einfach keine Zeit mehr hat, mit einem Patienten ein Gespräch zu führen. Man spricht über medizinische Fragen, aber auf geistiger Ebene ein Gespräch zu führen, ist fast nicht mehr möglich.

Es ist etwas Wahres daran, natürlich. Das moderne Leben nimmt uns völlig in Anspruch. Jedermann beklagt sich darüber, wer aber unternimmt etwas dagegen? Trotzdem muß man sich bewußt sein, daß jedermann Komplize dieses modernen Lebens ist; man läßt sich mitreißen, man nimmt sich nicht mehr wirklich Zeit zu meditieren, nachzudenken, sich jemandem zu widmen. Man ist nicht nur Opfer, man ist auch ein wenig mitschuldig. Bekanntlich findet man immer Zeit für etwas, das man für wesentlich hält. Wenn man Gefallen findet an einer vertieften Medizin, an einem Dialog mit dem Patienten, findet man immer die Zeit dafür. Und manchmal können wir durch eine bis auf den Grund gehende Unterredung viel Zeit gewinnen, indem uns so eine Menge kleiner, technischer Arbeiten erspart werden wie Einspritzungen usw. Ich sage nicht, daß das Zeitproblem nicht existiere. Ich muß mit zunehmendem Alter meine Aktivitäten einschränken, und es ist nicht leicht, das zu regeln. Ich habe manche Leute gesehen, die mit der Organisation ihrer Zeit nicht zurechtkamen. Von Nutzen ist es, sich zu fragen, ob wir die wenige, uns bleibende Zeit gut anwenden, oder ob wir uns wie ein schwimmendes Stück Holz treiben lassen auf dem Strom des modernen Lebens. So steht es Ihnen also frei, sogar das Leben eines Mönchs zu führen, mitten in dieser unruhigen Welt.

Ich mache mich zum Sprecher von mehreren unter uns, um Ihnen unsere Dankbarkeit auszudrücken, daß wir Ihre Bücher lesen konnten, die uns seit vielen Jahren begleiten. Heute abend haben Sie von Kierkegaard und von Frankl gesprochen. Aber was ist mit Alexis de Carrel, der wie Sie Arzt gewesen ist und während so vieler Jahre am Institut Rockefeller gearbeitet hat? Meiner Meinung nach ist sein Buch „L'homme, cet inconnu" (Plon, Paris 1935) zu unbekannt geblieben, obwohl es eine grundlegende Arbeit über die Lebensführung ist, geschrieben von einem christlichen Arzt, einem Gelehrten. Ihre Bücher kennen wir gut, aber die Arbeiten eines Carrel sind für die meisten unserer Zeitgenossen im Dunkeln geblieben. Können sie uns sagen warum?

Ich teile Ihre Bewunderung für Carrel. In einem bestimmten Augenblick meines Lebens, im Jahre 1937, hat Gott mich zu einer Wende in meinem Beruf veranlaßt, indem er von mir verlangte, ihn entweder aufzugeben oder ihn umzuwandeln. Ich habe mich für das letztere entschlossen. Aber wie sollte ich dabei vorgehen? Da habe ich mich in der Stille gesammelt. Ich bin mit Nelly 14 Tage ans Meer gegangen, und dort habe ich die ganze Zeit damit zugebracht nachzudenken. Gott aber hat nichts zu mir gesagt. Wissen Sie, das Schweigen Gottes ist auch pädagogisch. Ich hatte nur einen Gedanken: Ich muß „L'homme cet inconnu" wiederlesen und suchen, ob da an der Grenze der Wissenschaft – dieses Buch von Carrel war wie eine Bilanz der Wissenschaft – mein Glaube der Medizin etwas Zusätzliches bringen könne. Da hat Gott zu mir gesagt: „Beginne mit dem, was ich dir gezeigt habe, und ich werde dir später andere Gedanken geben.“ Wir wollen immer ein riesiges Programm haben, großartige Ideen, während es sich darum handelt, damit anzufangen, die bescheidenen Ideen zu befolgen. Meine bescheidene Idee war, Carrel wiederzulesen; und das habe ich getan.

Was Carrel hauptsächlich geschadet hat, war, wie ich glaube, die Ernennung zum Gesundheitsminister durch Marschal Pétain. Es war ein genialer Einfall von Marschall Pétain, aber ein Unglücksfall für Carrel, der mit der Arglosigkeit des Gelehrten sich da hineingestürzt hat und kompromittiert wurde. Das ging so weit, daß man in Frankreich Hemmungen hat, von Carrel zu sprechen. Er ist ein weiteres Opfer der Politik des Teilens und des Krieges. Ich glaube, das ist praktisch die Antwort auf Ihre Frage. Aber wir stehen abseits dieser Dinge, und Sie können sich all der Wahrheiten Carrels erfreuen, eingeschlossen jener aus seinem kleinen Büchlein über das Gebet.

Vortrag, gehalten im Rahmen der Ökumenischen Zusammenkünfte der Kirchengemeinden von Montreux.

Wie wir unsere eheliche Gemeinschaft verwirklicht haben

Wir haben uns im Jahre 1920 die Ehe versprochen, aber unsere Verlobung erst 1923 veröffentlicht, und geheiratet haben wir 1924. Zu jener Zeit durfte man in unserer Gesellschaft keine sexuellen Beziehungen vor der Ehe haben und auch nicht heiraten, bevor der Mann seine Studien beendet hatte. Die Sitten haben sich seither sehr verändert, aber ich bin nicht sicher, ob die Jugend von heute im allgemeinen glücklicher ist, als wir es waren.

Nelly und ich gehörten dem gleichen Milieu an, und unsere Familien kannten sich. Nellys Großmutter war sogar Konfirmandin bei meinem Vater gewesen, und wir hatten unseren Religionsunterricht beim selben Pfarrer, dem Nachfolger meines Vaters an der Kathedrale von Genf. Beide gaben wir Unterricht an der Sonntagsschule, und damals haben wir Freundschaft geschlossen.

Wir wollten natürlich auch eine christliche Familie gründen; dazu gehörte, außer dem von mir gesprochenen Abendgebet, daß wir zusammen von Zeit zu Zeit einen kleinen Gottesdienst veranstalteten. Da Nelly schüchtern war, bin wieder ich es gewesen, der einen Abschnitt aus der Bibel vorlas; ich war gebildet genug, um einen kurzen Kommentar und ein Gebet anschließen zu können. Im Grund übernahm ich die Rolle des Pfarrers, und Nelly war das Gemeindeglied, das still zuhörte. Aber wir waren nicht mit Begeisterung dabei. Wir empfanden beide ein Unbehagen, so daß wir uns nicht gedrängt fühlten, eine solche Zeremonie zu wiederholen, die nur eine Pflicht war.

Übrigens verstanden wir uns gut. Weder Nelly noch ich zweifelten an unserer gegenseitigen Liebe. Nelly hegte für mich eine grenzenlose Bewunderung, was mir schmeichelte. Sie wagte es kaum, mir zu widersprechen oder mich zu kritisieren, außer ab und zu auf explosive, unerwartete Weise, was ich ihrer Nervosität zuschrieb. Diese erklärte ich mir durch die Tatsache, daß Nelly in ihrer Kindheit sehr unterschätzt worden war, da man sie unaufhörlich mit ihrer Schwester verglich, die im Gegensatz zu ihr glänzende Zeugnisse aus der Schule brachte und die sich besser als Nelly an den engen Konformismus der Familie anpaßte.

Dann erklärte ich ihr all das und ermutigte sie, Selbstvertrauen zu fassen, aber ohne mir bewußt zu sein, daß ich sie, je mehr ich sie belehrte und ermahnte, in eine Lage der Minderwertigkeit mir gegenüber versetzte, wie auch dadurch, daß ich mich anstrengte, bei ihren Explosionen meine Ruhe zu bewahren – wofür ich mich noch rühmte –, bis ich dann auch explodierte. Dann weinten wir beide und versöhnten uns wieder, wie es sich für christliche Eheleute gehört.

Wohlverstanden, das kam selten vor, und wir waren recht zufrieden mit unserem gelungenen Eheleben, im Grunde jedoch war nichts gelöst. Nun sprach ich eines Tages mit einem englischen Kollegen über einen anderen befreundeten Arzt. Ich sagte, ich hätte Mitleid mit ihm, weil seine Frau so nervös sei. Da fragte mich mein englischer Kollege: „Glaubst du nicht, daß der Mann daran schuld sein kann, wenn die Frau eines Arztes sehr nervös ist?" Ich gab keine Antwort, aber ich blieb nachdenklich: Beruhte die Nervosität Nellys nur auf den Erlebnissen ihrer Kindheit, fragte ich mich, oder wurde sie vielleicht auch durch ihre gegenwärtige Lage verursacht? Ich fühlte mich jedoch gar nicht dafür verantwortlich.

Nun, es war ungefähr zu jener Zeit, als wir dazu angeregt wurden, regelmäßig in der Stille vor Gott zu meditieren. An einem Novemberabend im Jahre 1932 – das ist nun mehr als ein halbes Jahrhundert her – traf ich bei einem Freund einige Personen, die kürzlich für eine religiöse Bewegung gewonnen worden waren, die man Oxford-Gruppe nannte, weil die Bewegung unter den Studenten dieser Universität begonnen hatte. Ich hatte noch nie etwas davon gehört, außer daß durch sie eine meiner Patientinnen mit schwierigem Charakter innerlich verwandelt worden war. Es waren drei sehr bekannte Zürcher anwesend und einige Persönlichkeiten von Genf, darunter ein Holländer, ein hoher Funktionär des Völkerbundes.

Ich war zuerst sehr ungehalten über sie; denn ich wollte über ihre Prinzipien und Methoden diskutieren, während sie sich darauf versteiften, von kleinen, persönlichen Erfahrungen zu berichten. Der Holländer jedoch hatte gesagt, daß er seit einigen Monaten jeden Morgen längere Zeit, im Durchschnitt eine Stunde, darauf verwende, in der Stille auf Gott zu hören. Gerade dies hatte mich beeindruckt; denn ich war mir wohl der Armut meiner persönlichen Frömmigkeit bewußt, während ich mich doch in der Kirche so stark einsetzte.

Am nächsten Morgen versuchte ich während einer Stunde auf Gott zu hören. Das Ergebnis aber war ganz negativ. Die Stunde ging vorüber, ohne daß mir irgendein Gedanke kam. Ich konnte wohl Predigten in meinem Kopf ausstudieren, hier aber handelte es sich um etwas ganz anderes, viel Persönlicheres. Immerhin kam mir am Schluß der Gedanke, ich solle mit diesen Andachten fortfahren, und sogleich fuhr es mir durch den Kopf, das könnte ein Ruf Gottes sein.

Daß der Gott der Bibel ein Gott ist, der spricht, daran zweifelte ich nicht. Das erkennt man schon auf den ersten Seiten der Bibel. Und er spricht nicht nur zum Volk Israel im allgemeinen, indem er sein Gesetz auf dem Sinai diktiert, sondern in ganz persönlichen Worten, wenn er Moses zum Pharao schickt, wenn er den kleinen Samuel aufweckt oder Jeremia befiehlt, zum Töpfer zu gehen. Ich entdeckte, daß ich es war, der nicht hören konnte. Folglich machte ich weiter, und ich lernte allmählich zuzuhören; nicht ohne mich oft zu täuschen, gewiß; es ist nicht leicht zu wissen, ob ein Gedanke von Gott kommt, aber mit der Zeit erkennt man, daß das Wesentliche nicht ist, sich nie zu täuschen, sondern sich Gott zu nähern, um ihm besser zuhören zu können.

Zwei Wochen später sind Nelly und ich nach Lyon gefahren. Wir waren früh weggegangen; jetzt hatten wir unsere Einkäufe beendigt und saßen beim Mittagessen. Ich sagte zaghaft zu Nelly: „Ich möchte früh zurückkehren; denn ich habe noch etwas zu erledigen, das ich heute morgen nicht mehr tun konnte." – „Oh, ich auch", entgegnete Nelly, „ich habe die Gewohnheit angenommen, mich jeden Morgen in der Stille zu sammeln, wie es mir die Frau deines neuen Freundes geraten hat."

Wir haben natürlich sehr gelacht, als wir entdeckten, daß wir beide den Versuch voreinander verborgen hatten, in den wir uns eingelassen hatten. Natürlich wollten wir zuerst das Ergebnis abwarten, bevor wir darüber sprachen.

Als wir von Lyon heimgekehrt waren, versuchten wir uns zusammen in der Stille zu sammeln. Aber wir empfanden wieder dasselbe Unbehagen wie bei unseren „Mini-Gottesdiensten"! Ich fand die innere Ruhe nicht, die Emotion verdarb alles. Es kam mir nicht der kleinste Gedanke in den Sinn, den ich hätte in mein Notizbuch schreiben können. Glücklicherweise sagte Nelly zu mir: „Wir müssen morgen weiterfahren und Gott bitten, uns zu zeigen, woher dieses Unbehagen kommt." Am nächsten Tag war ich schon etwas ruhiger; aber ich erinnere mich nicht mehr, was ich aufgeschrieben hatte. Hingegen habe ich nie vergessen, was Nelly notiert hatte: „Du verstehst doch, du bist mein Professor, mein Arzt, mein Psychologe, sogar mein Pfarrer, aber du bist nicht mein Mann."

Das war nicht eine sexuelle Forderung. In dieser Hinsicht bin ich ganz ihr Mann gewesen. Es war ein Bedürfnis nach Gleichheit. Wahre Gemeinschaft gibt es nur in der Gleichheit, und wirkliche Gleichheit gibt es nur vor Gott, nicht eine Gleichheit des Wissens oder des Tuns, sondern eine Gleichheit des Seins, der Person. Hier fühlt man sich gleich, so verschieden voneinander man auch sei. Ich war ein Intellektueller, Nelly war es nicht; ich liebte es, zu diskutieren, Ideen zu verteidigen. Und nun plötzlich, unter der Eingebung Gottes, legte Nelly den Finger auf mein Problem, von dem ich selbst nichts wußte. Ich brauchte Monate, um es richtig zu erkennen und zu begreifen, Jahre, um seine Bedeutung zu ermessen, so selbstsicher fühlt sich der Mann in seinem Rationalismus der Intuition gegenüber: In meiner Einsamkeit als Waise hatte ich mein Gemütsleben verdrängt und als Kompensation mein intellektuelles Leben aufgebläht, um durch das unpersönliche Spiel der Ideen, der Diskussionen und der Handlungen Zugang zur Gesellschaft finden zu können, da ich meine Gefühle nicht auszudrücken vermochte.

Selbst meine Religion bestand aus Ideen über Gott, über

Jesus, über den Menschen und das Heil, über Dogmen. Und meiner Frau hielt ich Vorträge, gab ihr Unterricht in Psychologie, in Philosophie, in allem möglichen, in allem, was sich zum Lehren eignete. Aber meine Gefühle, meine Ängste und meine Verzweiflung, davon konnte ich nicht sprechen. All das kam zutage in unseren langen Meditationen, Bilder, schmerzliche Erinnerungen, nie eingestandene Gewissensbisse, nie verwirklichte Entschlüsse. Da beweinte ich zum ersten Mal in meinem Leben den Tod meines Vaters und meiner Mutter.

Oh, diese ersten Jahre der ehelichen inneren Sammlungen, wie haben sie unsere Beziehung verändert. Ich lernte auch, meiner Frau wirklich zuzuhören. Wir beichteten einander gegenseitig wirklich alles. Wir kannten von nun an, soweit das in dieser Welt möglich ist, die intimsten Sorgen des andern. Wir sagten uns hier so viele Dinge, die wir uns im Getriebe des täglichen Lebens nie gesagt hätten. Selbst unter sehr verbundenen Ehegatten sichtet man unbewußt, was man sagt und was man verschweigt. Bei so vielen Ehepaaren, sogar in einer harmonischen Ehe, gibt es manche Themen, über die man nie spricht, oft um des Friedens willen, um jeden Konflikt zu vermeiden, doch dabei verdrängt man sie, und nichts ist gelöst.

Die Analogie mit der Psychoanalyse ist offensichtlich, da ja schon Freud auf profane Art die Kraft der Stille und des Zuhörens wiederentdeckt hat. Aber mit zwei wesentlichen Unterschieden: Der Psychoanalytiker bleibt schweigsam, er sagt vor allem nichts über sich selbst, während in der inneren Sammlung eine Wechselbeziehung besteht; und dann ist da dieses intensive Suchen nach der Gegenwart Gottes, das die Sammlung charakterisiert. In der Liebe Gottes kann man alles sagen. Und es ist auch die Liebe des Psychoanalytikers – Widerschein der Liebe Gottes, selbst wenn jener nichts davon weiß –, die alles zu sagen hilft, sogar das, was man nie zu sagen gewagt hat, und die alle Hindernisse der Eitelkeit überwindet.

Folglich haben wir wenigstens einmal pro Woche, während mehr als vierzig Jahren, dieses Rendezvous zu dritt fortgesetzt: Gott, Nelly und ich. Diese eheliche innere Sammlung ergänzt die persönliche und umgekehrt. Meine ganze spätere Laufbahn und mein ganzes Werk sind daraus hervorgegangen. Das hat

Nelly ermöglicht, voll und ganz an meiner Berufung teilzunehmen, ohne deswegen von den Problemen meiner Patienten etwas zu erfahren; denn in der Sammlung handelte es sich um meine eigenen Geheimnisse und nicht um die der anderen. Anläßlich einer internationalen Tagung der Medizin der Person, deren Teilnehmer uns alle gut kannten, hat Dr. Paul Plattner uns als Beispiel hingestellt, um die Lehre von C. G. Jung über die Entwicklungsfunktion der Ehe und der gesellschaftlichen Begegnung der Geschlechter zu veranschaulichen: „Paul", sagte er, „war früher ein falscher Intellektueller, der sein verkümmertes Gefühlsleben verdrängt hat, indem er seine Objektivität entwickelte. Im Kontakt mit Nelly hat er zu seiner wirklichen Natur zurückgefunden, zu dieser Sensibilität, die aus ihm den Arzt der Person gemacht hat, wie Sie ihn kennen. Umgekehrt hat Nelly, die nie gern in die Schule gegangen ist, ihre intellektuelle Funktion verdrängt und so ihr Gefühlsleben überbetont. Im Kontakt mit Paul hat sie am Spiel der Ideen Gefallen gefunden, und es ist ihr sehr gut gelungen, wie Sie sehen." Es handelt sich folglich nicht nur darum, sich der verborgenen Eheprobleme bewußt zu werden, sie anzugehen und zu lösen, soweit das möglich ist, sondern auch darum, daß beide Partner reifer werden, über sich selbst hinauswachsen, um das zu erreichen, was C. G. Jung Individuation nennt. Und schließlich kommt es zu diesem Ergebnis – das in Wirklichkeit der Antrieb des ganzen Vorganges war –, durch diese Annäherung von zwei Ehegatten zu Gott, die entschlossen sind, gemeinsam auf ihn zu hören.

Antwort auf eine Umfrage von Professor A. Don Augsburger, Herald Press, Scottdale, Pa, USA, Juli 1982.

Älterwerden will gelernt sein

Herr Doktor Tournier, wie oft macht der Mensch Ihrer Meinung nach eine Wende in seinem Leben durch?

Es ist immer gefährlich zu schematisieren, aber Sie nötigen mich ein wenig dazu ... In Wirklichkeit gibt es drei große Lebensabschnitte, nämlich die Kindheit, das Berufsleben und das Rentenalter. Zwischen diesen drei Zeitabschnitten kommt es zweimal zu einer Wende. Wir haben die Wende zwischen der Kindheit und dem Erwachsenenalter, welche von den Psychologen ausführlich studiert wurde, besonders von der Schule von Freud. Man muß aufhören, Kind zu sein, um erwachsen werden zu können, und das ist nicht so leicht. Viele Leute zögern diese Wende hinaus und bleiben ihr Leben lang Kind. Eine zweite Wende tritt ein zwischen dem Berufsleben und dem, was Jung den Lebensabend nennt. Ich erwähne Jung, weil besonders er diese zweite Wende studiert hat. Je interessanter das Berufsleben gewesen ist, um so schwerer ist es, plötzlich sein Leben wieder nach rückwärts umzuwandeln. Folglich ist diese Wende vom Berufsleben zum nachberuflichen Leben, das man jetzt das dritte Alter nennt, schwierig und gibt Anlaß zu Krisen, die manchmal tödlich sein können.

Beginnt also, anders gesagt, das Alter mit der Pensionierung?

Ja, aber es beginnt schon vorher, wie Sie wissen. In den Augen eines Arztes altert man vom ersten Tag an. Man altert sein Leben lang. Und das ganze Leben ist eine Art Lebenskapital, das langsam aufgebraucht wird. Allmählich muß eine folgende Etappe in der vorhergehenden vorbereitet werden. Das Berufsleben wird zum Beispiel in der Kindheit vorbereitet. Und das Alter sollte während der Berufszeit vorbereitet werden. Aber zu dieser Zeit sind die Menschen so durch ihre Arbeit in Anspruch genommen, manchmal auch so abgestumpft, daß sie von der Pensionierung überrascht werden. Sie haben ihr Leben nicht mit dauerhaften Dingen bereichert, mit Dingen, die Bestand haben, wenn das Berufsleben aufhört. Das nennt man, die Pensionierung vorbereiten, wenn man so lebt, daß es im Alter zu einer Entfaltung des Lebens kommt, zu einer Apotheose des Lebens – der Ausdruck stammt von Karlfried Graf Dürckheim –, und nicht zu einer Regression.

Wird der Mensch im Grund vor seiner Pensionierung durch die Arbeit entscheidend beeinflußt?

Und wie!

Ist es die Arbeit, die seinem Leben einen Sinn gibt?

Und wie! Und wie! Man muß sich der zahllosen Massen bewußt sein, die vollständig beherrscht werden durch die Arbeit, durch eine Art Routine. Jeden Tag nimmt man zur selben Zeit die Straßenbahn oder den Bus, man sieht dieselben Leute, man macht die gleichen Gesten, während vierzig oder fünfzig Jahren, man liest dieselbe Zeitung, sogar die Ferien sind manchmal kollektiv organisiert, kurz, alles trägt dazu bei, die persönliche Initiative, die persönliche Phantasie zu ersticken. Und in einem Unternehmen darf man vor allem nicht zu viel Phantasie haben, sonst wird man ein wenig zum schwarzen Schaf. Es gibt eine Beeinflussung, die den Menschen abstumpft, die ihn zum Roboter werden läßt. Und dann, in dem Augenblick, da er sich der Freiheit erfreuen könnte, die im Grunde das Ziel menschlichen Lebens ist, weiß er nicht, was anfangen mit dieser Freiheit.

Empfindet er nicht sogar wegen dieser Freiheit ein gewisses Schuldgefühl?

Ja, er empfindet sogar ein gewisses Schuldgefühl wegen dieser Freiheit. Nicht arbeiten, wenn die andern arbeiten, gibt uns das Gefühl, Pensionär zu sein, Schuldner jenen gegenüber, die arbeiten, und diese alte Idee, Schuldner einem anderen gegenüber zu sein, findet man immer wieder. Ruhig in einem Buch zu lesen, während das Dienstmädchen putzt und fegt, erweckt Schuldgefühle in der Hausfrau. Es sieht so aus, als ob sie nichts täte, während das Buch, das sie liest, wahrscheinlich einen großen kulturellen Wert für sie hat. Denken wir diesbezüglich auch an die Ferien. Ferien machen ist etwas relativ Neues. Während langer Zeit war es das Privileg eines ganz kleinen Teils der Bevölkerung. Jetzt ist es allgemein üblich geworden. Es gibt das Recht auf Ferien. Es gibt institutionelle Ferien, und trotzdem haben die Leute das Bedürfnis, sich zu rechtfertigen, wenn sie in die Ferien gehen. Sie sagen: „Oh, ich bin so müde gewesen in letzter Zeit", wie um anzudeuten: „Ich habe die Ferien wirklich nötig." Es ist, als ob sie sich entschuldigen wollten, dem Gesetz der Arbeit gegenüber ungehorsam gewesen zu sein. Man hat die Arbeit zum Ziel des Menschen gemacht.

Das ist vielleicht auch eine Art zu existieren. Denken Sie nicht, daß man durch seine Arbeit, durch seine Tätigkeit existiert?

Sie rühren hier an ein Problem, das mich sehr beschäftigt hat und das sehr tiefgründig ist. Es ist das Bedürfnis des Menschen, einen Sinn für sein Leben zu finden, und sogar, sich als existent zu fühlen. Ich will keine Abschweifungen machen, die nicht zu unserem Thema gehören; kürzlich jedoch sprach ich mit einer Frau, die zu mir sagte: „Es ist das Leiden, das mir das Gefühl zu existieren gibt." Wahrscheinlich kommt das weniger selten vor, als man denkt. Man sucht sogar gewisse Leiden, weil man hier fühlt, daß man existiert. Dieses Gefühl zu existieren oder nicht, das berührt das ganze Problem der existentiellen Philosophen. Wir werden nicht näher darauf eingehen, aber es berührt dieses Problem unmittelbar; denn wenn der Mensch durch seine Arbeit existiert, so hat er im Augenblick, da man ihm seine Arbeit nimmt, ein Gefühl der Leere, ein Gefühl des Nicht-Existierens, und er glaubt sogar, seine Existenz rechtfertigen zu müssen, vielleicht durch seine schlechte Laune, durch ein ständiges Gemurre.

In den Augen der Gesellschaft existiert der Mensch also durch seine Arbeit?

Aber sicher! Aber sicher! Das war beispielsweise im antiken Griechenland nicht der Fall. Natürlich gab es damals das Problem der Sklaverei. Mitten in der Stadt jedoch diskutierten die

Männer auf der Agora, und sie hatten das Gefühl zu existieren, weil sie sich den Lebensproblemen stellten, und keineswegs, weil sie zum wirtschaftlichen Aufschwung beitrugen.

Wenn man also, sagen wir, während vierzig Jahren vom Berufsleben beherrscht worden ist, muß es immerhin sehr schwierig sein, in den Ruhestand überzutreten, nicht wahr?

Es ist sehr schwierig, und dann gibt es sehr unterschiedliche Arbeiten. Da ist beispielsweise die Arbeit eines Arztes: Sie ist ein immerwährendes Abenteuer. Sie ist etwas, das uns zum Überlegen nötigt, zur Weiterbildung. Man muß sich auf dem laufenden halten, man entwickelt sich ständig. Aber die Arbeit am Fließband in einer Fabrik, wo man nichts anderes tut, als immer die gleichen Schrauben anziehen, am selben Gegenstand, der an einem vorbeifährt, ich versichere Ihnen, daß das den Menschen abstumpft und ihn schließlich zum Roboter werden läßt. Jetzt wird man aus wirtschaftlichen Gründen und der Rentabilität wegen dazu geführt, den Menschen zum bloßen Diener der Maschine zu machen. Und es ist absolut notwendig, daß die Gesellschaft ihre Auffassung von der Arbeit ändert und begreift, daß der wahre Sinn der Arbeit in der persönlichen Entwicklung liegt, in der persönlichen Aktivität, wodurch sich der Mensch verwirklicht und nützlich macht.

Von welchem Alter an, denken Sie, soll man sich mit Fragen über die Gestaltung des Lebensabends befassen?

Sagen wir im Alter von vierzig oder fünfzig Jahren.

Manche sagen, daß man schon in der Jugend daran denken soll.

Ja, ich setze eine Grenze, um nicht ins Paradoxe zu verfallen. Ein Soziologe befragte einmal ein junges Mädchen von 18 Jahren: „Was werden Sie tun, wenn Sie alt sind?“ Sie antwortete: „Ich hoffe, daß ich vorher sterben werde.“ Es ist ganz natürlich, so etwas mit 18 Jahren zu sagen. Man kann keine Kinder befragen ... Sie müssen sich auf das aktive Leben vorbereiten und nicht auf das Alter, und dennoch bereiten sie sich schon darauf vor durch die Art, wie sie das Leben auffassen. Wenn sie es als Abenteuer auffassen, als etwas, worin man sich engagiert, nun, dann bereiten sie sich auf einen erfüllten Lebensabend vor; denn das Alter ist die Frucht des Lebens. Es ist wie eine Art Stunde der Wahrheit, in der einem Menschen die Fülle oder die Leere seines Inneren offenbart wird, wenn er plötzlich bemerkt, daß die treibende Kraft seines Lebens außerhalb von ihm lag, in der beruflichen Routine oder in familiären Zielen, die im Augenblick der Pensionierung verschwinden. Für die Frau ist beispielsweise der Augenblick, da ihr letztes Kind sich verheiratet und ihre berufliche Aufgabe als Mutter aufhört, eine Art Pensionierung. Das bedeutet für eine Frau oft eine schlimme Krise; sie klammert sich an ihre Enkelkinder und gerät mit ihren Schwiegertöchtern in Konflikt ...

Wenn ich Sie recht verstanden habe, muß man, anders gesagt, zuerst seinem Leben einen Sinn geben, wenn man sein Alter vorbereiten will und versuchen möchte, es erfolgreich zu gestalten?

Oder einen Sinn für sein Leben *finden*. Die Nuance ist wichtig. Denn nicht wir sind es im Grunde, die den Sinn geben. Nehmen wir zwei Betagte. Einem gelingt es offensichtlich, sein Alter glücklich zu gestalten, dem andern gelingt es nicht. Nun, keiner von ihnen hat ein Verdienst oder ein Verschulden dabei. Jene, welche erfolgreich sind im Leben, sind es nicht deshalb, weil sie sich darauf vorbereitet haben; und wer ein glückliches Alter erlebt, ist nicht deshalb glücklich, weil er sich darauf vorbereitet hat, sondern weil er mit einem Sinn für sein Leben gelebt hat, der sich ins Alter fortsetzt. Was die andern betrifft, ist es nicht ihr Fehler, wenn sie durch die Gesellschaft geprägt wurden, die ihnen jede schöpferische Phantasie genommen hat. Und nicht, indem man ihnen Reden hält, wird man sie davon überzeugen, daß etwas anderes nötig ist. Es braucht eine Änderung der Gesellschaft, eine Änderung der Auffassung der beruflichen Arbeit und sogar der Auffassung vom Menschen. Eine Gesellschaft, die dem Leben der Menschen einen Sinn gibt, ist besser als eine Gesellschaft, die jeden Sinn wegnimmt und deshalb unmenschlich ist. Wir erhalten die besten Dinge, ohne sie fabriziert zu haben. Sie wissen das wohl. Und wäre es nur ein am Wegrand gepflücktes Gänseblümchen.

Und sind Sie nicht der Meinung, Herr Doktor Tournier, daß an der Basis der Vorbereitung auf das Alter die Bildung stehen muß? In unserem System, nennen wir es kapitalistisch, in unserer gesellschaftlichen Struktur ist die Bildung ein Klassenprivileg, das muß man wohl zugeben. Denken Sie nicht auch, daß die Bildung unerläßlich ist, um den Lebensabend glücklich zu gestalten, wovon Sie sprachen?

Ich bin sehr einverstanden mit Ihnen, wenn Sie sagen, es sei ein Klassenprivilegium. Ein Arzt, der der Vertraute der Menschen gewesen ist, weiß das wohl. Aber dennoch gibt es Menschen der nicht privilegierten Klasse, die so viel Sinn für Bildung haben, daß sie sich ihr Leben lang weiterbilden. Und diese sind wirklich vorbildlich. Sich gegen eine unmenschliche Gesellschaft stellend, haben sie ein Entwicklungsbedürfnis, eine Neugierde für die Welt, ein Bedürfnis, ihre Persönlichkeit zu bereichern gehabt. Das nennt man Kultur, eine Bereicherung der Persönlichkeit, eine Bereicherung der Beziehung zur Welt. Den dafür begabten, selbst wenn sie aus einem nichtprivilegierten Milieu kommen, gelingt es, die Unmenschlichkeit unserer Gesellschaft zu überwinden und einen schönen Lebensabend zu verwirklichen, der ein Fortschritt und nicht eine Regression ist. Aber es braucht eine gewisse Übung. Ein Mann, der so stark von seinem Beruf in Anspruch genommen war, daß er nicht einmal mehr Zeit hatte, ein Buch zu lesen, der nur immer rasch einen Blick in Zeitschriften geworfen hat, der wird, wenn er in den Ruhestand kommt, beschäftigungslos sein. Wenn man zu ihm sagt: „Aber nehmen Sie doch ein Buch zur Hand; es ist wie ein wunderbarer Freund", wird er ein Buch nehmen, eine Seite darin lesen und es nachher wieder weglegen; denn er hat das Lesen ganz verlernt. Er wird zu seiner Langeweile zurückkehren, wie er früher in sein Büro zurückging.

Vielleicht hat er nicht gelesen, hat sich während seines Berufslebens nicht weitergebildet, weil seine Arbeit zu anstrengend gewesen ist. Wenn man acht Stunden pro Tag in einem Bergwerk oder in einer Fabrik arbeitet, ist man vielleicht am Abend zu müde, um noch etwas zu lernen.

Ja, gewiß ... Das hängt von den Verhältnissen ab, in denen wir uns befinden, das hängt auch ein klein wenig von unserer eigenen Disposition ab. Es gibt Menschen, die die Gabe haben, selbst bei scheinbar uninteressanten Dingen immer noch etwas zu lernen. Andere lernen nichts, selbst wenn sie eine Weltreise machen. Sie haben Geld genug, um überall Ferien machen zu können, und sie kommen geistig und seelisch gleich arm zurück. Sie haben nichts gelernt, während ein anderer, selbst in kleinen Bruchstücken aus einer Fernsehübertragung oder was es auch sonst sei, immer etwas Neues aufnimmt. Es gibt also einen Geist der Neugierde, einen Abenteuergeist, der eine ungeheure Rolle für das Gelingen des Lebensabends spielt.

Glauben Sie, daß Bildung im weitesten Sinn des Begriffs absolut notwendig ist für den Ruhestand, oder sagen wir für einen glücklichen Lebensabend, und daß sie es ermöglicht, den Graben auszufüllen, der im Alter von 65 Jahren zwischen dem Berufsleben und der Pensionierung entsteht?

Man beginnt, die Bedeutung der Weiterbildung zu verstehen, und ich denke, daß diese sich in Zukunft immer mehr entwikkeln wird. Es gibt offensichtlich immer mehr Klubschulen für Erwachsenenbildung; man ist nicht mehr der Auffassung, daß nur die Kindheit zum Lernen bestimmt ist, sondern daß man sein Leben lang studieren kann, und dieses Studieren ist nicht nur eine Anhäufung von Kenntnissen, sondern es bedeutet die Entdeckung einer Beziehung zur Welt, auf manuelle wie auf intellektuelle Weise. Der Pensionierte, der eine kleine Werkstatt hat, der bastelt, er hat eine Beziehung zur Welt, indem er seine Apparate in Betrieb setzt, indem er sich manuell betätigt. Das ist auch Kultur, ebenso wie die Arbeit eines Philosophen, der Sokrates oder Descartes studiert.

Und Sie selbst, Herr Doktor Tournier? Sie sind 75 Jahre alt. Haben Sie das Gefühl, daß das Alter, wenn man es, sagen wir, bei 65 Jahren beginnen läßt, noch ein Fortschreiten bedeutet?

Für mich muß das Alter ein Fortschreiten bedeuten, und ich anerkenne, daß ich sehr privilegiert bin. Einerseits, weil ich Arzt bin, und weil die Ärzte ihre Arbeit fortsetzen können; sie haben keine bestimmte Zeit für den Beginn des Ruhestands wie die Büroangestellten. Es gibt jedoch nicht viele von diesen Privilegierten. Andererseits, weil ich mehrere Eisen im Feuer habe: Ich bin nicht nur Arzt, sondern auch Schriftsteller, Sozialarbeiter, und ich stehe jetzt mitten in einem neuen Abenteuer. Es genügt, ein Buch über das Alter zu schreiben, um mit allen möglichen sozialen Tätigkeiten bombardiert zu werden. Ich habe den Eindruck, dadurch in ein neues Abenteuer einzutreten. Aber wenn es nicht dieses wäre, könnte es auch ein anderes sein. Anders gesagt, der Mensch muß vielseitig bleiben. Er muß die Fähigkeit der Anpassung an neue Dinge bewahren, damit andere Talente, andere Eigenschaften sich entwickeln können, in einem Zeitpunkt, wo er weniger absorbiert ist, damit er die Freiheit, welche die Pensionierung bringt, für andere Dinge nützt, als für rein berufliche und gewinnbringende Arbeit.

Haben Sie den Eindruck, noch ganz in unsere Gesellschaft integriert zu sein?

Ja, o ja! Nur bin ich eine Ausnahme. Ich muß das wohl anerkennen. Ich bin privilegiert. Man bittet mich, ein Buch über die Pensionierung zu schreiben. Ich habe das Alter dazu, aber die äußeren Umstände stimmen nicht. Niemand hat mir meine Funktionen beschnitten. Ich kann mein Leben organisieren, wie ich will, und diese Organisation ist trotzdem immer schwierig. Ich habe immer mehr Anfragen, als mir Zeit zur Verwirklichung zur Verfügung steht. Aber das ist zu allen Zeiten so gewesen.

Haben Sie bei den Gesprächen mit Ihren Patienten das Gefühl, daß das Alter ein wenig verachtet wird, oder daß sich die Betagten verachtet fühlen?

Das beruht auf den Vorurteilen der Gesellschaft, die den Menschen an seiner Produktivität mißt. Es besteht eine Art herabsetzendes Vorurteil dem Alter gegenüber, das wir unbedingt bekämpfen müssen; denn der Mensch wird nicht durch die Arbeit aufgewertet, sondern die Arbeit ist wertvoll, weil sie vom Menschen kommt. Es gibt Leute, die sich nach der Pensionierung plötzlich entfalten können, die neue Betätigungen finden. Ich habe zahlreiche Beispiele dafür unter meinen Patienten. Einige hatten Angst vor der Pensionierung und merkten dann plötzlich, daß diese eine Möglichkeit zu menschlicher Entfaltung bietet, natürlich in gewissen Grenzen. Aber was hat keine Grenzen in dieser Welt? Der Ruhestand kann ein viel erfüllteres Leben darstellen als das Berufsleben, das oft ein Sklavendasein ist.

Denken Sie nicht, daß der Begriff der Unproduktivität ein hauptsächlich westlicher Begriff ist? In Japan beispielsweise existiert er nicht. Der Betagte wird dort bewundert und geachtet.

Bei den Schwarzen in Afrika auch und ebenso im Altertum. Folglich ist es ein reines Vorurteil, das durch die industrielle Revolution entstanden ist. Auf beiden Seiten, sowohl auf marxistischer wie auf kapitalistischer Seite. Man hat die Arbeit verherrlicht und aus ihr eine Art modernen Gott gemacht; und dieser Gott ist ein Moloch, der die Menschen auffrißt.

Man müßte jetzt den Traum oder die Faulenzerei verherrlichen.

Erinnern Sie sich, wie im Mai 1968 die Studenten schrieben: Die Phantasie an die Macht! Es zeigte sich da immerhin ein Bedürfnis, gegen diese Gesellschaft der Vernunft zu reagieren, die nichts anderes im Auge hatte als die Produktivität. Ich lehne sie nicht ab; denn sie hat uns den Wohlstand gebracht, und ohne ihn gäbe es keine Pensionierung. Es ist noch nicht so lange her, seit wir sie haben. Das Ziel ist also nicht, etwas aufzugeben, sondern den Menschen zu befreien. Es ist ein Amerikaner, David Riesman, der die Frage aufgeworfen hat: Wohlstand, ja, aber wozu? Anders gesagt, hat diese so gut organisierte, so gut funktionierende Gesellschaft, die die Menschen auffrißt, ein Ziel? Das Ziel kann nur eine Entwicklung des Menschen sein, und diese Entwicklung betrifft nicht die Arbeit, sondern die Seele des Menschen, seine innere Persönlichkeit.

Ich danke Ihnen, Herr Doktor Tournier.

*

Ein Gast von Format an diesem Abend in unserer Sendung über Medizin, der Herr Dr. Paul Tournier aus Genf, Schriftsteller, Spezialist für das Alter und für die Betagten, besonders bekannt und geschätzt in den Vereinigten Staaten. Dort wurde zu seinen Ehren kürzlich ein wichtiges Buch herausgegeben, mit ihm gewidmeten Aufsätzen von ungefähr vierzig Ärzten, Wissenschaftlern, Soziologen und Philosophen. Wer könnte besser als er mit 76 Jahren auf die Betagten und das Alter hinweisen, zu denen er ja gehört. Herr Dr. Tournier, wer sind diese Betagten, die Sie kennen?

Der Betagte ist auch eine Person, das heißt, daß er mit der ganzen Würde bekleidet ist, die der menschlichen Person zukommt. Er ist nicht jemand, der seiner Eigenschaft als Mensch verlustig gegangen ist.

Altsein ist folglich mehr ein Zustand als eine Krankheit?

Es ist keine Krankheit. Sie könnten auch fragen, ob das Jugendalter eine Krankheit sei, unter dem Vorwand, daß es Kinderkrankheiten gibt. Es versteht sich von selbst, daß es Betagte gibt, die krank sind und daß sie größere Gefahr laufen, krank oder invalid zu werden. Die Abnahme des Gehörs und der Sehkraft spielt eine große Rolle bei den Betagten; denn das schneidet sie von der Gesellschaft ab. All das gehört in das Gebiet der Medizin, und wir behandeln die Krankheit. Die von Ihnen gestellte Frage betrifft das Alter. Das Alter ist keine Krankheit, es ist eine der Phasen des Lebens. Es gibt einen Lebensabschnitt der Kindheit, es gibt einen solchen des Erwachsenseins, und für das, was nachher kommt, da denken die Leute: „Man wird dann sehen ..." Sie streichen diese letzte Phase aus ihrem Bewußtsein, diese Phase des Alters, und wir müssen sie unbedingt wieder in ihr Leben integrieren, damit die Betagten fühlen, daß sie zum Leben gehören, daß sie voll und ganz lebendig sind.

Aber wer soll denn dieses Alter vorbereiten? Die Betagten selbst oder Betagte in einflußreicher Stellung oder die Gesellschaft im allgemeinen? Gegenwärtig scheint es, daß zwischen der Jugend und dem Alter, oder zwischen den Generationen kein echter Kontakt besteht.

Ja, das hängt mit einem gewissen gesellschaftlichen Vorurteil zusammen, mit einer gewissen Absonderung der Alten. Wenn man in einem etwas paternalistischen Ton sagt: „Aber ja, das wird schon gut gehen ...", so wie man zu Kindern spricht, dann nimmt man ihnen gerade das Gefühl, zur menschlichen Realität zu gehören. Es gibt ein gesellschaftliches Vorurteil, das zur Folge hat, daß die Betagten sich verbergen, es ist eine Art Apartheid. Sie verbergen sich im Hintergrund eines Restaurants oder Cafés, um Karten zu spielen. Sie sondern sich ganz ab. Es besteht kein Kontakt zwischen ihnen und den andern Leuten, die von der Arbeit kommen, die viel zu erzählen haben, die im Leben drin stehen. Die Betagten stehen außerhalb des Lebens. Es ist übrigens absolut notwendig, daß man beginnt, sich all dieser Dinge bewußt zu werden. Es braucht eine Wiedereingliederung der Alten in das Leben. Dafür müssen wir uns energisch einsetzen, damit sich allmählich ein Netz von Beziehungen zwischen den Alten und den Jungen bildet.

Aber wer soll das bewirken, die Alten oder die Jungen?

Man hat mich gebeten, ein Buch über die Betagten zu schreiben, aber ich habe ganze Kapitel den Jungen gewidmet, um ihnen zu sagen: „Nehmt Kontakt auf mit den Alten, Ihr könnt viel von ihnen lernen." Früher blieben die Betagten in der Familie. Bekanntlich gibt es heute infolge der Änderung der Sitten, infolge der kleineren Wohnungen viele Kinder, die sozusagen keine alten Menschen mehr kennen. Das fehlt im Hinblick auf ihre Erziehung, ihre persönliche Bildung. Die Großmutter, die früher ihren Enkelkindern die alten Legenden erzählte, mit ihnen Lieder sang, ist jetzt ein wenig verschwunden. Der Betagte wohnt in einem Heim, und man führt den Enkel hin, damit er seinen Großvater besuche. Man hat sich nichts zu sagen, das Kind erhält etwas Süßes, und dann geht man wieder. Es kommt zu keinem wirklichen Gespräch, während doch eine starke Anziehung zwischen Alten und Jungen besteht.

Mit 18 Jahren diskutiert man über den Sinn des Lebens. Man diskutiert leidenschaftlich und kritisiert seine Eltern. Man sagt: „Ich will auf jeden Fall nicht wie meine Eltern ein Leben lang schuften und nie eine freie Minute für mich haben. Das Leben, das muß etwas anderes sein. Wirklich, meine Eltern haben nie richtig gelebt. Sie sind Sklaven ihrer Arbeit gewesen. Wir werden auf jeden Fall nicht wie sie leben." Vielleicht werden sie Hippies, die in Afghanistan herumfahren. Aber das ist immerhin nur eine kleine Zahl von ihnen. Die andern werden vielleicht in eine Lehre eintreten, sie werden sich verheiraten und im Räderwerk dieses ihnen auferlegten Lebens, dieses Roboterlebens, gefangen sein. Sie haben Sorgen, Kinder, die krank sind, ein Konkurrent ärgert sie; sie werden vom Leben mitgerissen, einer Art sinnlosen Lebens. Verstehen Sie, wie ich es meine? Fragen Sie jemanden, der mitten im Leben steht, ob das Leben einen Sinn habe, er wird antworten: „Das ist Sache der Philosophen. Ich habe keine Zeit für so etwas. Ich habe genug zu tun, ich trage Verantwortung, habe berufliche und familiäre Sorgen. Der Sinn des Lebens, das ist für Müssiggänger." Dann werden sie pensioniert und plötzlich beginnen sie, über ihr Leben nachzudenken. Hat das alles einen Sinn? Ist es nicht die Gesellschaft, die uns wie Marionetten in Gang setzt?" Und in dem Augenblick, da für sie die Freiheit beginnt, wissen sie nicht, was sie mit ihr anfangen sollen.

Will das heißen, daß man lernen muß, alt zu werden?

Ja, aber man müßte ein wenig früher damit beginnen. Darum fängt man jetzt an, sich mit der Vorbereitung auf das Alter zu befassen. Diese Idee breitet sich aus. Man hat hauptsächlich in den Vereinigten Staaten damit begonnen, und mit der Zeit hat es auf Europa übergegriffen. Jetzt gelangt man aus allen möglichen Kreisen und besonders aus Betrieben an mich. Es gibt Unternehmungen, die sich sehr damit befassen, jene, die sich dem Pensionierungsalter nähern, zu gruppieren. Wenn man nur die letzten fünf Jahre vor der Pensionierung nimmt, ist das schon ein wenig spät. Aber schließlich sagen sich die meisten Leute vorher: „Später wird man daran denken." Und dann ist es plötzlich fast zu spät, wenigstens für viele Leute. Natürlich hängt es von jedem selbst ab. Da ist einer, der vielleicht mit Leidenschaft Schmetterlinge oder Briefmarken sammelt; das wird ihm sehr dazu verhelfen, in einen erfüllten Lebensabend überzutreten, ohne Schwierigkeiten. Aber jene, für die der Beruf das einzige Interesse in ihrem Leben gewesen ist, können eine Krise durchmachen und sogar daran sterben. Es gibt sehr viele Todesfälle nach der Pensionierung, und gerade die, welche die besten Arbeiter gewesen sind, die, welche sich ausschließlich dem Beruf gewidmet haben, trifft es am härtesten. Man muß begreifen, daß das Leben mehr ist als der Beruf.

Will das heißen, daß die Ruhe während der Pensionierung schädlich ist für den Betagten?

Die Ruhe ist für die älteren Leute schädlicher als für die Jungen.

Dennoch spricht der Volksmund von einer wohlverdienten Ruhe.

Aber ja. Man liest in soziologischen Umfragen folgendes: Der Soziologe geht in Altersheime. Er findet dort Leute, die sich von morgens bis abends langweilen, und er fragt sie: „Haben Sie nicht Lust, sich mit etwas zu beschäftigen?" – „Ich habe genug geschuftet mein Leben lang, um ein Anrecht darauf zu haben, mich jetzt auszuruhen." Dieser Gedanke, daß die Pensionierung Ruhe bedeutet, hat sich jetzt festgesetzt. Sie bedeutet aber nicht Ruhe, sondern die Möglichkeit, ein Leben zu führen nach seinen Neigungen, seinen Interessen, nach seinem eigenen inneren Plan, nach seiner eigenen Inspiration; ein Leben in Freiheit, anstatt ein Leben im Dienste der Berufsarbeit ... Deshalb habe ich den Ausdruck *Altersberuf* geschaffen. Es hat in jedem Leben Raum für einen zweiten Beruf, und man kann sagen, daß ein Leben dann am erfülltesten ist, wenn der Mensch nach seiner Pensionierung etwas unternehmen kann, und zwar nicht nur als Hobby; denn der Fischfang ist manchmal nur ein Zeitvertreib. Es braucht etwas mehr, etwas Interessantes, selbst wenn es nur eine Markensammlung ist. Auch das Erlernen einer Sprache, beispielsweise; man kann sehr gut in ein paar Jahren eine Sprache lernen; und es geht nicht nur um die Sprache, man lernt auch die Literatur kennen und begegnet einer andern Mentalität usw. Nur muß man all das aus eigenem Antrieb tun. Es ist die Phantasie, die von der Gesellschaft getötet wird. Bekanntlich ist ein Kind sehr phantasiebegabt. Es fabriziert etwas. Alles, was es in die Hände nimmt, verwandelt es. Das wird zu allem möglichen, zu einem Soldat beispielsweise ... Und dann dient das ganze Leben dazu, diese Phantasie einzudämmen. Schon in der Schule klopft man dem Kind auf die Finger, wenn es zu viel träumt, es ist ein schlechter Schüler. Der gute Schüler beschäftigt sich nur mit Dingen, die man ihn zu tun heißt. Später im Beruf wird der gute Arbeiter nicht davon träumen, was er am Sonntag machen wird, sondern er wird sich auf seine Arbeit konzentrieren.

Eben haben wir gesehen, daß das Alter ein Zustand ist und keine Krankheit. Aber was denkt der Betagte während dieser Zeit?

Es gibt Betagte, die nur nach rückwärts schauen. Sie denken nur an ihre Vergangenheit, sei es, um sie zu verherrlichen, von ihr zu erzählen, sie ein wenig zu verändern, oder sei es, um sich im Gegenteil zu beklagen: „Was hätte ich erreichen können, wenn man mir nicht alles verdorben hätte." Es ist der Fehler der andern. Während der Sinn des Lebens immer nach vorne gerichtet ist. Die glücklichen Betagten sind jene, die ein Projekt für morgen haben, und nicht die, welche daran denken, was sie vor dreißig Jahren getan haben.

Aber heißt lernen, alt zu werden, nicht auch, sich auf den Tod vorbereiten?

Der Tod liegt auch in der Zukunft. Man muß das Tabu des Todes durchbrechen, mit dem wir ihn gegenwärtig umgeben. In den Zivilisationen, in denen der Tod als die persönlichste Sache des Lebens verstanden wird, zum Beispiel bei den Japanern und auch im Altertum, da ist diese Art von Tabu des Todes auf jeden Fall abgeschwächt, und man nimmt ihn auf natürlichere Art hin. Vielleicht ist unsere Einstellung das Lösegeld für den Fortschritt in der Medizin. Die Leute haben angefangen zu glauben, ein Anrecht auf Gesundheit zu haben. Und schließlich denken sie beinahe, daß sie das Recht hätten, nicht sterben zu müssen. Dieses tiefe Bewußtsein, daß das Leben den Tod enthält, daß der Tod ein Teil des Lebens ist ... Ich habe eine amerikanische Kollegin, die übrigens Schweizerin ist, Frau Dr. Kübler-Ross. Sie hat sich zur Aufgabe gemacht, mit Sterbenden zu sprechen. Das ist sehr lobenswert. In einem Krankenhaus bat sie darum, mit Sterbenden sprechen zu dürfen. Man gab ihr die Antwort: „Wir haben keine." Sie gab sich Rechenschaft, wie sehr man den Tod verdrängte. Schließlich hat sie Sterbende gefunden, und seither hat sie schon hunderte von Gesprächen mit Sterbenden geführt. Alle haben Sorgen und Ängste, wovon sie mit niemandem sprechen können. Es ist erschütternd, die Bücher von Frau Kübler-Ross zu lesen, manchmal auch banal. Es ist beeindruckend, weil es banal ist. Sie nähert sich einem Sterbenden. Seine Frau sagt: „Er hat Krebs im ganzen Körper. Er würde es nicht ertragen, wenn man es ihm sagte." Frau Kübler geht ruhig zu ihm hin und fragt: „Sind Sie sehr krank?" – „Oh, ich habe Krebs im ganzen Körper." Er sagt es ganz einfach und empfindet eine große Erleichterung, die Wahrheit sagen zu dürfen, sagen zu dürfen, was er denkt. Sie fragt: „Was fürchten Sie denn?" – „Ich hoffe, daß meine Kinder ein wenig um mich trauern werden." Das sieht außerordentlich banal aus. Aber die meisten Sterbenden sind seelisch sehr einsam.

Und die Religion?

Es ist besser, denke ich, mit der Religion rechtzeitig zu beginnen und nicht erst im letzten Augenblick. Mit allem ist es ein wenig so, nicht wahr? Es gibt ein Sprichwort: „Der Teufel wird im Alter Einsiedler." Man stellt sich die Religion wie eine Art letzten Trost vor, wenn nach menschlichem Ermessen keine Hoffnung mehr besteht. Aber wahre Religion ist, wenn man sein ganzes Leben mit Gott lebt, wenn man sich schon in der Kindheit mit Gott verbindet, wenn man sein Familienleben, sein Berufsleben, sein gesellschaftliches Leben mit Gott lebt. Das gibt dem Leben einen Sinn, und das setzt sich fort, entfaltet sich und wird sich im Alter noch vertiefen.

All das ist sicherlich ein Teil dieser Vorbereitung auf das Alter, dieser Altersphilosophie, die Sie kennen. Aber haben Sie selbst persönlich ein Rezept für Ihre Begeisterung mit 76 Jahren?

Ich habe oft in meinem Leben wieder einen neuen Aufschwung nehmen müssen. Wir sind im allgemeinen zu routiniert, verstehen Sie? Und der große Feind des Lebens ist die Routine. Durch die Routine verharzen, verknöchern wir. Ich bin wiederholt in meinem Leben durch eine Wende hindurchgegangen, durch eine Bekehrung. Zunächst von seiten der Sozialwerke her, dann durch die Berührung mit dem lebendigen Christentum und schließlich durch die Integration dieser Erlebnisse in meinen Arztberuf. Ich war die Seele einer internationalen Ärztebewegung, und später kam die Stunde, in der ich das aufgeben mußte. Es war nötig, daß die Jungen dieses Amt übernahmen. Ich spielte nun den Großvater, der ihnen guten Tag sagen kam. Aber ich bleibe gewissermaßen der geliebte Großvater, wenn ich so sagen darf. Und nun bittet man mich um ein Buch über das Alter, und das gibt mir Gelegenheit, zahlreiche Vorträge zu halten. Und ich bekomme neuen Auftrieb. Meine Laufbahn als Vortragender, meine Laufbahn als Schriftsteller helfen mein Leben erneuern. Ich habe ein Buch über das Abenteuer des Lebens geschrieben, aber ich glaube, daß kein Abenteuer andauert. Man möchte sie immer andauern lassen, während man doch stets wieder ein neues Abenteuer beginnen muß. Mein Wunsch wäre, daß man den Betagten verständlich machen könnte: „Ein neues Abenteuer beginnt für Sie, aber an Ihnen liegt es, es auszuführen."

Zwei Interviews von Radio Suisse Romande:
1. mit Jean-Pierre Goretta, am 16. Juni 1973,
2. in einer medizinischen Sendung, 1974.

Das Wichtigste in meinem Leben

Das wichtigste Ereignis in meinem Leben war, wie ich denke, der Tod meiner Mutter. Mein Vater, der bei meiner Geburt 1898 siebzig Jahre alt gewesen ist, starb zwei Monate später. Ein Säugling hat jedoch keine bewußte Erinnerung an den Tod des Vaters. Er lernt allmählich die Personen kennen, die zu ihm kommen, daß aber jemand fehlt, das weiß und fühlt er nicht. Im Falle des Todes der Mutter ist das natürlich anders, wegen der starken Bindung, die zwischen der Mutter und dem Neugeborenen besteht, so war es auch bei Jean-Jacques Rousseau.

Ich kann mir gut vorstellen, wie stark diese Bindung zwischen meiner Mutter und mir gewesen ist, wie sehr sie an mir gehangen haben muß, an diesem kleinen Knäblein, das ihr alter und verehrter Gatte ihr hinterlassen hat. Ich war für sie nicht der Ödipus-Rivale meines Vaters, sondern seine Verkörperung.

Aber meine Mutter ist bald schwer erkrankt, sie wurde mehrere Male operiert und starb, als ich sechs Jahre alt war. Das ist ein furchtbarer Schock für mich gewesen. Ich habe fast keine Erinnerungen an meine Mutter, während doch jedermann schon vom 4. Lebensjahr an oder aus noch früherer Zeit viele solche Erinnerungen hat. Wie in einem Nebel sehe ich mich noch zu ihrem Krankenbett treten. Es ist klar, daß meine Erinnerungen unter dem Schock über ihren Tod ins Unbewußte verdrängt worden sind. An den Tod erinnere ich mich noch gut: Ich sehe mich, wie ich zusammen mit meiner Schwester zu dem Onkel und der Tante, die uns erziehen sollten, hingeführt wurde, und ich fragte: „Werden wir nun nie mehr zu Mama zurückkehren?“

Es hat mir an nichts gefehlt. Mein Onkel und meine Tante waren wunderbar in ihrer Großmut, ihrer Fürsorge und Liebe. In mir selbst war etwas zerbrochen. Ich habe eine Art eisernen Vorhang heruntergelassen, um mein verwundetes Herz zu schützen, und versank in eine hartnäckige seelische Einsamkeit; ich wurde schüchtern, verschlossen, unfähig, mich an Kameraden anzuschließen. Ich habe oft die Arbeiten von Dr. Rentchnick über die Psychologie der Waisenkinder zitiert. Als er mich fragte: „Was haben Sie beim Tod Ihrer Mutter empfunden?" habe ich sofort geantwortet: „Ich hatte den Eindruck, für niemanden mehr zu existieren." Nicht zu existieren, das heißt, keinerlei Rechte zu haben. Ich hatte das Gefühl, kein Anrecht zu haben auf das, was man für mich tat. Ich war in allem Schuldner. Heute noch ist es mir sehr peinlich, um einen Dienst zu bitten oder ein Geschenk anzunehmen. Aber das hat mich selbständig gemacht, vielseitig, erfinderisch, mir selbst zu helfen in allen praktischen Aktivitäten wie auch in denen des Geistes. Wenn ich auch viele Bücher geschrieben habe, bin ich doch kein Intellektueller, sondern handwerklich begabt. Ich empfinde die größte Freude, etwas mit meinen Händen zu verwirklichen.

Aber diese frühzeitige Begegnung mit dem Tod hat mich das Leben ernst nehmen lassen. Es ist offensichtlich, daß die Menschen ständig versuchen, den Gedanken an den Tod zu verdrängen, ihn zu vergessen, wenigstens in unserer westlichen Zivilisation. Bei mir ist er immer gegenwärtig gewesen, wie mir scheint, selbst wenn ich nicht absichtlich daran dachte. Ich habe das wohl gefühlt beim Tod meiner Frau vor acht Jahren; ich realisierte, daß ich schon mein ganzes Leben in Trauer verbracht hatte, in der Erwartung des Himmels, wo ich meine Eltern wiederfinden würde. Nun hatte ich eine Bindung mehr mit dem Jenseits, einen lieben Menschen mehr, der mich dort erwartet. Deshalb fällt es mir, glaube ich, weniger schwer, die Witwerschaft zu ertragen als vielen andern.

Das hat wahrscheinlich Nelly und mir erlaubt, offen und einfach über den Tod zu reden, bis zum letzten Augenblick. Wir waren in Athen, wo ich vor Amerikanern Vorträge hielt. Sie bekam einen Herzinfarkt und wurde während eines Monats im Krankenhaus gepflegt, ein Monat, der für uns eine wunderbare Intimität bedeutete, dort im Ausland. Sie war sich der Schwere ihres Zustandes bewußt. Der Professor für Kardiologie hatte mich eines Tages zu sich gebeten, um es mir zu sagen, und ich habe sogleich mit ihr darüber gesprochen.

Sie wußte, daß sie unter der Bedrohung eines zweiten Infarktes stand, daß sie ernstlich behindert sein würde, wenn sie am Leben bliebe. Daher hat sie mir am letzten Tag plötzlich gesagt: „Es wäre vielleicht besser gewesen, wenn ich vor einem Monat gestorben wäre." – „Immerhin haben meine griechischen Kollegen gut gearbeitet und dir das Leben gerettet, du bist glücklich darüber", habe ich ihr geantwortet. „Ja, sicher, wenn ich nach Genf zurückkehren darf und meine Kinder und Enkelkinder wiedersehen kann." Sie schwieg einen Augenblick nachdenklich und fügte dann hinzu: „Wenn ich gestorben wäre, würde ich im Himmel sein und könnte deine Eltern kennenlernen."

Dieser Satz hat mich unendlich gerührt. Wie Sie sehen, hat sie auch meine Erwartung des Himmels übernommen. Und ich antwortete ihr: „Wenn du in den Himmel kommst, werden dir meine Eltern danken, für ihren Sohn die Frau gewesen zu sein, wie du sie gewesen bist." Es war das letzte Wort, das ich zu ihr gesprochen habe. Einige Minuten später sagte sie, indem sie ihre Hand auf ihr Herz legte: „Nun ist es so weit!" – „Bist du sicher?" – „Ja." Und sie starb.

Diese Konfrontierung mit dem Tod, die ich seit meiner Kindheit empfunden hatte, hat meinem ganzen Leben die Orientierung gegeben. Sie hat mich auch, wie ich glaube, mit 12 oder 13 Jahren dazu geführt, nacheinander zwei Entschlüsse zu fassen. Als erstes: Ich habe mit leiser Stimme, ganz allein und ohne jemandem etwas davon zu erzählen, gesagt: „Herr Jesus, ich weihe dir mein Leben." Ich wußte sicher nicht recht, was das bedeutete. Aber Jesus hat dieses naive Kindergebet ernst genommen; er hat mich bei der Hand gefaßt und mich allmählich verstehen lassen, worin diese Weihe bestand.

Ich war mir auch nicht klar bewußt, weshalb ich diesen Entschluß gefaßt hatte. Aber welch andere Antwort gäbe es auf die Realität des Todes als die Identifizierung mit dem Auferstandenen? Und mein zweiter Entschluß bestätigt es: Es war die Wahl meines Berufes. Das einzige Fach, worin ich stark gewesen bin, war die Mathematik. Aber ich sagte mir: „Ein Mathematiker mehr oder weniger, das ändert nicht viel am Leiden der Welt.

Ich möchte einen Beruf haben im Dienste des Nächsten; ich möchte Arzt werden." Natürlich weiß ich heute, daß ein Mathematiker ebenso nützlich sein kann in der Welt wie ein Arzt. Aber was in meiner Naivität zählte, war der Gedanke des Dienens.

Erst viel später, als ich in die Psychologie eingeführt worden war, habe ich verstanden, daß mein Entschluß, Arzt zu werden, einem Bedürfnis entsprach, den Tod meiner Eltern zu vergelten, sie gewissermaßen zu rächen, indem ich mein ganzes Leben lang gegen den Tod kämpfte, der alle andern umschleicht. Und wenn ich dreißig Jahre später Schriftsteller geworden bin, so habe ich deshalb nicht meine Berufung geändert. Ich schreibe nicht, um zu schreiben, sondern um die Menschen zu betreuen, um ihnen zu einem besseren Leben zu verhelfen, um ihnen zu helfen, ihre Leiden zu überwinden oder anzunehmen.

Es waren diese beiden Entschlüsse, die meinem Leben einen Sinn gegeben haben. Und selbst ihre Verbindung ist bedeutsam, da ich ja dazu geführt worden bin, mich für eine Medizin der Person zu begeistern, eine Medizin, die alle Blickwinkel umfaßt, wenn ich so sagen darf, die sich bemüht, gleichzeitig alle Leiden der Menschen, sowohl körperliche wie geistige zu erleichtern, und praktisch den von Gott empfangenen Glauben mit der auf der Fakultät gelehrten Wissenschaft zu verbinden.

Aber dazu mußte ich selbst wenigstens teilweise befreit werden von meinem Komplex als schüchterne und ungesellige Waise. Es gab zwei Etappen in diesem Befreiungsvorgang. Zuerst war da mein Griechischlehrer – ich war damals schon sechzehn Jahre alt –, der verstanden hat, daß dieses anormale Kind eine Beziehungserfahrung zu anderen nötig hatte. Er lud mich zu sich ein, nicht als Schüler, um mich in etwas zu unterrichten, sondern um ein Gespräch von Mann zu Mann mit mir zu führen.

Plötzlich existierte ich für ihn, und zwar nicht als Schüler, um Griechisch zu lernen, sondern als Person. Das Ergebnis war wunderbar. Ich entdeckte, daß ich zu den anderen in Beziehung treten konnte durch mein intellektuelles Leben, durch den Umgang mit Ideen, durch die Diskussion. Das hat mir nicht nur erlaubt, mein Medizinstudium zu absolvieren, sondern auch, ins soziale Leben einzutreten, und mich für alles zu interessieren, fürs Theater, für die Literatur, für die Rechtswissenschaft, für die Politik, für meine Studentenwelt; es war die Zeit des Ersten Weltkrieges, als der Optimismus des 19. Jahrhunderts zusammenbrach, und die Zeit der russischen Revolution. Was gab es da nicht alles zu diskutieren! Ich arbeitete für das Internationale Rote Kreuz, für die Kinderhilfe und für die Kirche.

Aber es bedurfte einer zweiten Etappe. Ich konnte sehr gut in der Öffentlichkeit diskutieren; viel weniger wohl war es mir beim intimen Zwiegespräch. Als ich eines Abends mit einem Freund von einer Studentenveranstaltung nach Hause ging, sagte dieser freundlich zu mir: „Ich habe erfahren, daß du eine Waise gewesen bist." Sogleich spürte ich eine würgende Angst in meiner Kehle aufsteigen, und aus Furcht, weinen zu müssen, flüchtete ich mich ins Dunkel der Nacht hinaus, ohne ein Wort zu sagen. Das geschah, weil ich nur einer intellektuellen Beziehung zum andern fähig war. Die emotionale, gefühlsbetonte Beziehung blieb blockiert. Die intellektuelle, objektive, wissenschaftliche Beziehung gehört zum männlichen Aspekt der menschlichen Person; die andere zu seinem weiblichen Aspekt. Ich war vom Tod meines Vaters befreit, nicht aber von dem meiner Mutter, und ich wußte es nicht.

Selbst in der Kirche machte ich nichts anderes, als über Ideen, Dogmen, Prinzipien und Konzepte, über Kontroversen zwischen der Orthodoxie und dem Liberalismus zu diskutieren. Ich fühlte wohl den Gegensatz zwischen meiner kirchlichen Betriebsamkeit und der Armut meiner persönlichen Frömmigkeit. Aber meine Entschlüsse führten zu nichts; ich konnte mich nicht in der Stille sammeln. Selbst vor meiner Frau, die ich liebte und mit der ich mich gut verstand, hielt ich Reden; ich lehrte sie mancherlei objektive Dinge, aber meine Gefühle und Emotionen, die konnte ich nicht ausdrücken, dazu war ich unfähig, wie übrigens viele Männer, und gerade das interessiert die Frau.

Als wir anfingen, uns in der Stille zu sammeln, wagte sie es, mir zu sagen: „Du bist mein Professor, mein Arzt, mein Psychologe, mein Pfarrer, aber du bist nicht mein Mann." Sie legte hier gerade den Finger auf mein Problem. Die Ideen sind wie das Geld, das von einer Tasche in die andere rollt. Das nennt man objektiv, das ist unpersönlich. Was persönlich verpflichtet, sind die Gefühle und das Gemütsleben.

Es war die innere Sammlung, die meine Beziehungen verwandelt hat, nicht nur die Beziehung zu meiner Frau, sondern auch zu den andern im allgemeinen und insbesondere zu meinen Patienten. Ich hatte damals schon seit acht Jahren eine allgemeine Praxis und glaubte meine Patienten gut zu kennen. Und da plötzlich vertrauten sie mir Geheimnisse an, von denen sie vorher nie gesprochen hatten; denn sie fühlten intuitiv, daß ich mich für ihre Person interessierte und nicht nur für den Fall.

Wir waren einer religiösen Bewegung begegnet, die man Oxford-Gruppe nannte, weil sie unter den Studenten jener Stadt ihren Anfang genommen hatte. Sie befürwortete diese gegenseitige Offenheit, über alles, was unsere Seele bewegt und was wir gewöhnlich verbergen. Ich habe während fast fünfzehn Jahren leidenschaftlich in dieser Bewegung gekämpft. Da ich Arzt war, eröffneten die Leute sich leicht mir gegenüber, und ich entdeckte immer mehr, wie einsam sie mit ihren drückenden Geheimnissen waren und welch beträchtliche Rolle all diese Probleme für die körperliche und seelische Gesundheit spielten.

Unsere wirklichen Probleme erkennen wir in der Stille vor Gott, beim Hören auf seine Stimme. Ich habe mich natürlich oft getäuscht in bezug auf diese Stimme; es ist leicht, seine eigenen Gedanken für diejenigen Gottes zu halten. Aber gerade die Irrtümer lassen sich allmählich in der Praxis der inneren Sammlung erkennen; man lernt sich selbst gegenüber ehrlich zu werden. Freud hat uns auf ganz weltliche Art diese Macht der Stille gelehrt. Und so machte ich Erfahrungen, die denen der Psychoanalytiker ganz ähnlich sind. Eines Tages im Jahre 1937 erkannte ich, daß ich mich ganz diesen Nachforschungen widmen sollte. Dieses Mal hatte ich mich, wie ich glaube, wirklich nicht getäuscht, daß dieser Ruf von Gott kam.

Indessen hat am Vorabend des Zweiten Weltkrieges Frank Buchman, der Gründer der Bewegung, der den Konflikt kommen sah, den Namen und die Orientierung der Bewegung geändert; er wollte daraus eine strukturiertere, diszipliniertere und vermehrt kollektive Kraft machen im Hinblick auf einen wirksameren Einfluß auf das Geschick der Welt. Es war nach dem Krieg, im Jahre 1946, als ich erkannt hatte, wie sehr unsere Wege auseinanderliefen. Ich mußte mich von meinen Freunden trennen, die von Anwerbung, von Ideologie, von Strategie sprachen, Zielpunkte, die weit entfernt waren von meiner Berufung, jedem bei seinem freien Suchen nach seinem eigenen inneren Ruf zu helfen.

Diese Trennung ist mir sehr schwer gefallen, trotz der freundschaftlichen und geistigen Bindungen, die zwischen uns weiterbestanden. Gerade zu diesem Zeitpunkt erlebte ich, wie Ärzte aus verschiedenen Ländern zu mir kamen, die meine hauptsächlichsten Anliegen teilten. Sie hatten mein erstes Buch *Krankheit und Lebensprobleme* gelesen, das ich mitten im Krieg, im Jahre 1940, veröffentlicht hatte. Dieser Gedanke von einer Medizin, die sich an den Menschen in seiner unreduzierbaren Einheit und in seiner körperlichen, psychischen, sozialen und geistigen Ganzheit wendet, erweckte ein lebhaftes Echo in ihnen, und sie wünschten das Studium darüber mit mir fortzusetzen.

Nun, es war zur gleichen Zeit, als ich nach Deutschland eingeladen wurde, um an der Evangelischen Akademie von Bad Boll, die eben gegründet worden war, mitzuarbeiten. Deutschland war damals nichts anderes als eine Anhäufung von Ruinen, sowohl in materieller wie in seelisch-geistiger Hinsicht. Wenn der Nationalsozialismus das Land in das schrecklichste der Abenteuer hatte stürzen können und zum Beispiel auf legale Weise das Recht und die Medizin in den Dienst der schlimmsten Attentate gegen die menschliche Würde zu nehmen vermochte, so konnte das nur deshalb geschehen, weil diese Disziplinen seit langem von den geistigen Quellen unserer Zivilisation losgelöst waren. Darüber gab man sich jetzt Rechenschaft.

Man mußte von nun an alles wieder in Frage stellen, den wahren Sinn der Kultur wiederfinden. Diese Jahre der leidenschaftlichen Diskussionen im darniederliegenden Deutschland mit Ärzten, Juristen, Künstlern, Nationalökonomen, Architekten usw. haben einen entscheidenden Einfluß auf mich gehabt. Und ich habe sie weiterverfolgt und ausgedehnt, was die Medizin betrifft, mit Kollegen aus allen Fachgebieten, aus verschiedenen Ländern und verschiedenen Konfessionen, die damals Kontakt mit mir aufnahmen, und wir haben zusammen die Gruppe von Bossey gegründet, die so genannt wurde, weil wir die ersten Tagungen im Schloß von Bossey, dem Sitz des Ökumenischen Institutes abhielten.

Die Medizin ist nicht nur eine wissenschaftliche und technische Angelegenheit, sondern eine menschliche. Sie benützt die Wissenschaft und die Technik, um die Krankheit zu bekämpfen, aber durch seine persönliche Beziehung zum Patienten hilft ihm der Arzt, auch eine Person zu werden in der Fülle, die dieser Begriff ausdrückt, nicht nur was die individuelle Entfaltung betrifft, sondern auch in seiner harmonischen Beziehung zur Natur, zum andern und zu Gott. Und es sind alle diese Fragen, die in diesen internationalen Tagungen wie auch in meiner täglichen medizinischen Praxis während so vieler Jahre zur Sprache kamen, die mich zu meiner Laufbahn als Schriftsteller und Redner geführt haben.

So gibt es in einem Leben eine ganze Verkettung von Dingen und Ereignissen. Und die Idee von Dr. Hans Schaffner scheint mir recht interessant, Betagte wie mich einzuladen, das Wesentliche zu entdecken und einzugestehen, was ihre Entwicklung bestimmt hat. Um es zu tun, mußte ich notwendigerweise schematisieren, aber es scheint mir allerdings, daß der Tod meiner Mutter Leitgedanke gewesen ist, damit ich mich selbst verstehe. Der Tod meiner Mutter, mein großes Unglück. Er ist sicher nicht die Ursache des Ablaufs meines Lebens gewesen: Wie viele Waisenkinder bleiben ihr Leben lang erdrückt durch das Trauma ihrer Kindheit!

Wir haben kaum Einfluß auf die Ereignisse in unserem Leben, seien sie nun glücklich oder unglücklich. Wofür wir verantwortlich sind, das ist unsere Reaktion auf diese Ereignisse, die fruchtbar oder zerstörerisch sein kann. Wir sind jedoch nicht allein verantwortlich; denn unsere Reaktion hängt von der Hilfe ab, die wir von andern erhalten. Die andern, das sind immer Begegnungen, echte Begegnungen, die im Grunde eher selten sind. Und es ist, wie ich denke, immer die Gnade Gottes, die jemandem diesen Schritt zur echten Begegnung eingibt, im richtigen Moment, um uns durch unser Unglück oder unser Glück, durch unsere Niederlagen oder Erfolge zu führen. Was bleibt am Abend eines Lebens, wenn nicht das, was von Gott kommt?

Beitrag zu einem Sammelband, herausgegeben von Hans Schaffner, Blaukreuz-Verlag, Bern 1983.

Und das Abenteuer geht weiter ...

Zuerst möchte ich Charles Piguet dafür danken, daß er die Idee gehabt hat, dieses Buch zusammenzustellen, was er mit großer Sorgfalt realisiert hat, indem er einige Artikel und Vorträge, die ich unter sehr verschiedenen Umständen gehalten habe, gruppiert hat. Aus diesem Grund finden sich in dem Buch Wiederholungen, die ich zu entschuldigen bitte. Es würde aber auch etwas fehlen, wenn ich dieses letzte Kapitel nicht beigefügt hätte. Tatsächlich habe ich nach fünfzigjähriger Ehe mit Nelly und zehnjähriger Witwerschaft vor nun zwei Monaten Corinne O'Rama geheiratet; eine Heirat, worüber sich in den alten, hier zusammengestellten Texten natürlich keinerlei Echo findet. Ich befinde mich also am Beginn eines ganz neuen Zeitabschnitts. Das Leben bewahrt seinen ganzen Elan nur, wenn es immer wieder neuen Auftrieb erhält; denn jedes Abenteuer hat die Tendenz, sich in der Routine zu erschöpfen, wenn es nicht durch irgendein unerwartetes Ereignis wieder in Schwung gebracht wird.

Und unsere Ehe ist allerdings eine Überraschung gewesen, sowohl für meine Frau, als auch für mich und alle unsere Freunde. Wir lernten uns letzten Sommer im Verlauf einer Kreuzfahrt im Mittelmeer kennen. Ich war gebeten worden, Vorträge an Bord zu halten, und Corinne, eine Konzertpianistin mit dem ersten Preis des Konservatoriums, sollte mit ihrer Kunst das Publikum erfreuen. Aber es handelte sich nicht nur einfach darum, Konzerte zu geben und Vorträge zu halten, sondern darum, an einem gemeinsamen Werk zusammenzuarbeiten; denn Corinne ist Spezialistin für kreative Musik, wie sie es nennt, ein spontaneres Komponieren noch als die Improvisation, wie sie traditionellerweise gelehrt wird.

So haben wir zusammen gearbeitet. Die künstlerische Erfahrung war ganz neu und begeisternd, wobei Corinne auf dem Klavier die Gefühle ausdrückte, die ich durch meine Worte in ihr erweckte. Das verlangte eine starke Verbindung zwischen uns und trug gleichzeitig dazu bei, sie zu vertiefen.

Wir haben uns freudig dem fröhlichen Treiben auf der Kreuzfahrt hingegeben, als gute Arbeitskameraden, ohne den geringsten Verdacht, daß wir uns irgendwie näherkommen wollten. Nach der Ausschiffung, auf der Heimreise im Zug, saßen wir allein und friedlich beieinander. Ich hatte keine Lust zu sprechen, aber ich fürchtete, daß mein Schweigen ein Unbehagen hervorrufen könnte. Als ich es Corinne sagte, gab sie mir zur Antwort: „Auch ich liebe die Stille sehr."

Diese Stille ist sehr lang und sehr tief gewesen, im gleichmäßigen Geräusch des fahrenden Zuges. Da habe ich allmählich gefühlt, daß ich Corinne liebte, und daß auch sie mich liebte, daß sie es wußte und sich auch bewußt war, daß ich es wußte. Weder sie, noch ich hatten das Bedürfnis, etwas zu sagen. Die geringste Berührung mit dem kleinen Finger brachte diese gegenseitige Übereinstimmung schon zum Ausdruck. Corinne, die sich durch die Musik ausdrückt, und ich durch die Sprache, wir horchten schweigend in die Stille hinein, in der die Gefühle geboren werden, noch bevor man sie erkennt; und es war eine große Liebe.

Jeder kann die Stürme verstehen, die meine Seele in den darauffolgenden Monaten erschütterten, ohne daß ich sie beschreibe. Der ganze Konflikt zwischen dem Herz und dem Verstand. Weder Corinne noch ich können sich die Liebe ohne die Ehe denken, welche die Rechtsgleichheit der Gatten gewährleistet. Mein Vater war zweiunddreißig Jahre älter als meine Mutter, aber er hatte sie im Alter von sechzig Jahren geheiratet, während ich 86 Jahre alt bin. Dieser innere Kampf verdoppelte sich natürlich noch durch alle möglichen bewußten und unbewußten Ängste vor den Änderungen, die eine zweite Heirat erforderte. Ich entdeckte und entdecke immer noch, wie sehr ich mich in der Witwerschaft auf mich selbst zurückgezogen hatte. Ich schien aktiv zu sein, weil ich viele Vorträge hielt, die aber ein wenig wie ein Kommandoauftrag waren, bevor ich wieder in die

Routine meines alten Junggesellendaseins zurückkehrte. Auch die Vorträge können zur Routine werden. Und ohne Frau wird ein Haus rasch zu einer Art von Schneckenhaus, in das man sich zurückzieht.

Auf alle meine Ausflüchte antwortete Corinne stets unerschütterlich: „Es genügt, daß wir uns von Gott führen lassen." Nun sind wir wieder auf das Problem von der Führung Gottes zurückgekommen, wovon ich so viel in diesem Buch gesprochen habe. Corinne hat in dieser Hinsicht eine viel beruhigendere Überzeugung als ich. Sie glaubt, daß Gott uns führt, sofern wir ihm nur ein wenig Vertrauen schenken, ohne daß wir wüßten wohin und warum. Ich hingegen warte immer auf ein Wort von Gott und habe große Mühe, mich zu entscheiden, solange ich nicht eine Antwort habe auf die Frage, die ich ihm stellte.

Ich habe nie verschwiegen, wie schwierig es ist, den Willen Gottes in der Führung unseres Lebens wahrzunehmen. In Wirklichkeit antwortet Gott sehr selten auf unsere Fragen. Ich habe dieses Schweigen Gottes damals äußerst schmerzlich empfunden. Aber während dieser Zeit stellt Gott uns Fragen. Auf Gott hören, heißt nicht so sehr, ihm Fragen zu stellen, als auf seinen Anruf hören. In meiner Verwirrung war ich nahe daran, mit Corinne zu brechen. Da machte sich die leise innere Stimme langsam bemerkbar: „Was tust du? Warum opferst du deinen gesellschaftlichen Vorurteilen und deinen Ängsten die Frau, die dich liebt und die du liebst? Weißt du nicht, daß die Angst ein schlechter Ratgeber ist? Und daß die denkende Vernunft unendlich überlegt, ohne zu einem Schluß zu kommen, außer in der Mathematik?" Ich habe sogleich an Pascal, den Mathematiker, gedacht, als er von einer Wette des Glaubens sprach. Auch die Liebe ist eine Wette.

Der Friede war in meine Seele zurückgekehrt. Man kann in der Liebe und im Glauben allem entgegentreten. Corinne hat schnell gefühlt, wie fest mein Entschluß war. Und nun begann für uns ein großes Abenteuer. Es ist das Problem der Kreativität, das uns sofort fesselte, da ja Corinne das unmittelbare Komponieren vor dem Publikum praktiziert. Ich bereite natürlich einen Vortrag vor, aber nachher findet eine Diskussion statt, bei der ich improvisieren muß, und dabei kommen mir weniger gut formulierte Gedanken in den Sinn, die aber origineller sind. Wie kann man die künstlerische, literarische und sogar wissenschaftliche Kreativität verwirklichen? Wir haben zusammen, Corinne und ich, einen Vortrag über dieses Thema gehalten. Natürlich kann keine Rede davon sein, die Intuition mit irgend etwas zu beeinflussen; denn wenn sie aufhört, spontan zu sein, wäre sie keine Intuition mehr. Die Kreativität jedoch ist potentiell vorhanden im menschlichen Herzen. Es ist die Angst, die sie erstickt. Es ist der Geist, sagt Corinne, der sie befreit, der im Kosmos und im Menschen stets gegenwärtige Geist, der die Materie belebt, von den kleinsten Partikelchen des Atomkerns bis zur Inspiration des Künstlers.

Ich habe allmählich entdeckt, wie nahe wir einander sind in diesem Ideal einer Medizin der Person, dem dieses Buch gewidmet ist: Wenn ich mich nicht nur für die Krankheit, den Fall, interessiere, sondern auch für die Person meines Patienten, wenn ich mich in einen persönlichen Dialog mit ihm einlasse, so vermittelt ihm das ein wenig menschliche Wärme und Mut, damit er seinen Problemen entgegentreten kann, anstatt sie zu fliehen; wenn ich ihm meinen Glauben bezeuge, so erwecke ich in ihm die geistigen Kräfte, die seine Person formen, die ihn anregen und beleben und ihn einen. Das erhellt den tieferen Sinn der Krankheit und kann zur Heilung beitragen.

Der Arzt hat folglich zwei Aufgaben: seine wissenschaftliche Arbeit im Hinblick auf die Diagnose und die Behandlung, und eine menschliche Aufgabe, im Hinblick auf die Entfaltung seines Patienten als Person. Nur der Arzt selbst kann die erste Aufgabe übernehmen, und man verlangt von ihm mit Recht ein Universitätsstudium. Er ist auch besonders geeignet für die zweite Aufgabe bei seinem Patienten, der sein Vertrauen in ihn setzt.

Aber hier ist er nicht mehr allein. Es braucht kein Diplom dazu, und jeder Mann und jede Frau mit Herz können dem Mitmenschen in seiner persönlichen Entwicklung helfen. Das war bei Nelly der Fall, und ich sagte manchmal, sie übe die Medizin der Person im Supermarkt oder im Bus aus, während ich es in meinem Sprechzimmer tat. Und es ist auch die Aufgabe von Corinne, die sich für jedermann interessiert und besonders für ihre Schüler, denen sie in ihren Schwierigkeiten hilft, mit ihrer persönlichen Beziehung, mit ihren Ratschlägen die Ernährung betreffend und mit ihrer geistigen Auffassung vom Leben. So sind wir geeint durch die Liebe, durch den Glauben und durch die Berufung.

Im Juli 1984.

Paul Tournier

Die Starken und die Schwachen
Was steckt hinter unseren Reaktionen?
Durch Selbsterkenntnis zu einer ausgeglichenen Lebensweise
Band 787, 208 Seiten, 3. Aufl.

Rückkehr zum Weiblichen
Werden Frauen unsere Welt wieder menschlicher machen?
Erfahrungen und Anregungen eines Psychotherapeuten
Band 838, 192 Seiten, 3. Aufl.

Im Angesicht des Leidens
Sinnerfahrung in dunkler Stunde
Band 1003, 160 Seiten

in der Herderbücherei

Carl Hilty

Für schlaflose Nächte

Von der Kraft, die aus der Stille kommt
Vorwort von Veronica Carstens

Band 1233, 240 Seiten

Wie viele Menschen können abends vor Kummer kaum einschlafen oder werden mitten in der Nacht von ihren Sorgen geweckt und suchen Zuspruch und Trost. Carl Hilty, der berühmte Schweizer Staatsrechtler und Laienseelsorger, hat für die Beunruhigten und Belasteten seiner Generation einen Jahresbegleiter geschrieben, der, aus den Quellen der Bibel schöpfend, ein helfendes Wort für den rechten Augenblick bereithält. Schon die Auflagenzahlen verraten, wie vielen Menschen dieses Buch schon Ruhe und Frieden geschenkt hat. Veronica Carstens, die die Herausgabe als Taschenbuch angeregt hat, schreibt in ihrem Vorwort zu Hiltys Gedanken: „Sie veralten nicht, wie alles wahrhaft Große ... Mögen sie vielen Menschen Lebenshilfe sein und sie dorthin führen, wo allein wahres und dauerhaftes Glück zu finden ist – zu Gott."